心を強く、正しく、たくましく

菅田瀬那
SUGATA SENA

幻冬舎 MC

心を強く、正しく、たくましく

はじめに

突然ですが、皆さんは自分の心とどんなふうにお付き合いできていますか？　自分自身のことはよく分かっていますか？　自分がどんな性格の人間で、どんな特徴があって、どんなものの考え方をしているのか、振り返って考えることをどれくらいなさっていますか？

なぜこんなことを尋ねたかといいますと、私が日々お会いする方々には、ご自分の心や考え方、他者と向き合っていくことを苦手とする方が多いからです。

私の職業は公認心理師・臨床心理士という、悩める方々のお話を聞き、心に寄り添っていく仕事です。〝カウンセリングの先生〟〝カウンセラー〟というほうが聞き馴染みがあるかもしれません。心理学の専門家として、悩める方々の体験・状況、契約先の現場の苦労、子どもに関する困り事など、日々多くの方と出会い、相談をお聴きしています。

そうして働く中で、現代に生きる我々の今の問題に直面することが多いです。人として、社会の一員として、生きる上で足らないもの・見直すべきものなど、あらゆる課題が現代社会には溢れています。課題だらけの現状に対して、誰かが苦言や意見を呈しなければ、人も世も変わろうとしない。そう危惧したことをきっかけに、本書の執筆を始めました。

私一人が苦言を呈したところで世に与える影響はとても小さいでしょう。それでも何もしないよりは良いかと。少数でも良いから誰かが私の苦言を受け取り、自らの在り方を少しでも考えてもらえれば良いです。私自身、仕事をする上で、生きる上で、自己の在り方を見失わないように、愚かなことをしないように、戒めとして書いている内容でもあります。私もまた足らないものを多く抱えた人間の一人です。

仕事を通して見えてくる我々がより良く生きるために見直すべきこと、大事にすべきことを、心理的観点・現場経験・私自身の幼少期の苦労などを踏まえ、私の見解を本書に書き連ねました。

私が取り上げた内容の中には、〝では、どうすれば良いのか〟〝答えとしては何をすれば正解なのか〟と思うようなものもあるかもしれません。来談者の中にも、「答えを教えてほしい」と、最初から言われる方も多いです。極端に言うなら、〝答えを聴きにここに来ました。今から話すからその答えを教えてほしい〟ということです。相談の場では緊急性が高い内容も多々ありますので、必要に応じてこちらの見解やアドバイスを伝えなければならないことはあります。ですが、本書においては、答えを明確に出すことを目的としていません。

中には、〝今からできる○○〟〝○分で分かる〟など、早く分かるんだぞ・できるようになるぞ、という謳い文句でヒットを狙う本もあります。そもそもそういう早分かりで得しよう・得させようという考え方が個人的に好きではありませんので、本書はそういう狙いには反するような内容ともいえます。それこそ、そう申し上げる〝答え〟は〝何でも答えを出せば良いというわけではない〟です。

人に与えられた答えを通して自分を考えるようでは、本当の自分を知ることにはつながりません。それは、人の意見によって、そうかも、他の人がそう言うなら正しいのかも、と思い込んだだけのことです。他人の意見に流された結果の自分です。

答えはいつもあなたの中にあるのです。そのことを前提に、私の言葉が一つの考えるきっかけ、刺激となれば良いのです。問題提起や苦言がなければ人間は考えようとしませんから。

このように、辛辣で耳の痛いと感じるような言葉も随所にある本書ですが、どうぞ最後までお付き合いください。

目次

1. 自分と向き合う

傾聴を通して知った自らの在り方

私の仕事内容の中心は、相談者の話をお聴きすることです。カウンセリングを通じて、その人の悩みを軽くしたり、より良く生きるにはどうしたら良いかを一緒に考えたり、時には愚痴を聞いて終わったり、ご相談内容は様々です。

個々の悩みに対するカウンセリングだけでなく、発達障碍に関する相談や発達検査、障碍支援なども私の仕事の一つです。私は子どもから大人まで、日々の悩み相談や子ども発達に関する相談、子育て相談、障碍者雇用に関するサポートなど……個人の相談だけでなく、福祉や教育機関・企業からも相談を聞き、心理的観点からの助言やサポートをしています。今ではカウンセリング事務所も開業し、たくさんの方のお話を聞かせてもらっています。

たくさんの方々との出会いとご相談を通じて感じるのは、自分に向き合うということはとても難しく、人間がよりよく生きるために必要な大きな課題だということです。私自身もまだまだ未知の自分がいて、その未知の部分に気付いて成長しなければならない一人です。

資格を取りたての数年は、がむしゃらに世のため人のためと思いながら、優しい態度と口調を意識してクライエントとお話をしてきました。〝物分かりの良い、優しい先生でなければ〟〝仏のようにクライエントの思いを受け容れなければ〟と、どこかそう思って仕事していた自分がいました。でも、ふとしんどくなる瞬間があったのです。今思えば、ちょっと心理学を知っているだけの奴が、良い人として振る舞い、話を聞いているだけだったのかもしれません。だから演じ疲れてしんどくなるのです。本当の自分じゃなく、心理士モードに切り替えて仕事していただけなのです。でもこれはどの仕事においても、皆さんよくあることなのではないでしょうか。

〝仕事とプライベートのオンオフを切り替えることは大事〟、これはよく言われがちな言葉です。確かに大事なことではあります。仕事モードと日常モードを切り替えることで楽になれる人はそれで良いのです。でもそれが合わない人もいます。皆さんはいかがでしょうか。私はそれが合わない人でした。これは残業をする・しないとか、家に仕事を持ち帰るとか、そういったオンオフの切り替えということではありません。それは適宜切り替えるべきでしょう。残業したり、家に仕事を持ち帰ったりするのは正直しんどいですから。

私が切り替えにくかったのは自分の性分、周囲への振る舞い方、そういったものです。普段の私は言いたいことをズバッと言ってしまったり、おちゃらけて喋りたくなったり、言いにくい身の上話でもサラッと笑って言ったりしてしまうような、あっけらかんタイプです。これがカウンセリングの場ではできません。もちろんしないほうが良いのですが、全く別人の、堅苦しい振る舞いと会話の仕方になっていたと思います。そんな自分に疑問を持ちながら、自分の在り方が通用しないと思ったのが子ども達とのカウンセリングです。

覚悟なき優しさなら要らない

子ども達は大人のことをよく見ています。大人が堅苦しい振る舞いをすると、子どもも堅苦しい振る舞いになってしまいます。とても窮屈な思いをさせてしまいます。子どもだけでなく、我が子のことで相談に来ている保護者さんも、同じように話しにくくなります。子どものことで相談に来ている方は本当に必死です。毎日一緒にいる子どもの困った言動、発達上の難しさ、関わりにくさなどに、とても困っておられます。自分自身の困り事には何とか耐えられても、子どもにはどうしても手を焼いてしまうことが多いです。そういった方の話をただ優しく聞いているだけでは、頼りない心理士になってしまいます。一緒に考え、保護者や子ども本人が気付くべきところはある程度お伝えしなければいけないことも時にはあります。こちらの「うん、うん、大変でしたね」だけでは足りないのです。

毎週カウンセリングに来てくださる方には「これからも一緒に考えていきましょうね」とお伝えできますが、現場によっては、たくさんの方が予約されるため、単発の、1回きりの相談予約でしか対応できないことも多いです。そういった方には次に会える機会がなかなかないのです。その1回でクライエントの方をどうハッピーにできるのか。1回勝負で、必要な時には打って出る、そういった面も示さなければいけないと気付きました。子どもと保護者の間に関係を築き、必要な言葉と支援内容を限られた時間の中でお伝えするためには、ただ聞くだけの良い人ではいられなくなりました。時には、子どもが相談中に困った行動をして注意をしなければいけない時もあります。「よしよし、いいよ～」では済まないことも多々起きます。叱り方が分からないという保護者に、叱り方を伝えなければいけない時もあります。伝える言葉はもちろん選びつつ、言うべきことはきちんと言う。中途半端な優しい心理士ではいけないと、覚悟するようになりました。そこからは、私の本来のズバッと言う面も適度に出しつつ、時には笑いも交えつつ、自分にできる傷つけない話し方を選べるようになりました。保護者と子どもの日々の頑張りを労い、気持ちに共感もしつつ、すべきこと・改善が必要なことはきちんとお伝えする。それを意識するようになりました。

例えば、子どもが困ったやんちゃをした時には「~しない!」「走らない!」「机の上に乗りません!」など、とにかく一言でまずははっきり伝えます。特に子どもにはその一言が大事です。「あのね、机の上に乗って良かったかなぁ?」「今どうしたら良かった? お約束、何て言った?」などは、よく大人が子どもに言う言葉ですが、よりかさい子に対してこのように言っても大概聞いていませんし、何のことやら? という顔をして、すぐにどこかに行こうとしたり、無視したりします。大人の言い方がまどろっこしく、くどいと感じているのです。はっきり言ってもらわないとよく分からないのが子どもの心情です。大人の話し方はめんどくさいものだと思っているのです。なので、「問いかけても、いっぱい言っても小さい子にはまだ難しい。はっきりと、本人が聞き取れる短い言葉でまずは言ってあげてください。そして正面から言ってあげてください」と保護者には伝えています。

そしてもう一つ、例えばですが、勉強をしたがらない子について相談された時、「こちらとしては、勉強についていけなかったら本人が困るだろうし、心配やから、勉強しなさいとかあれこれ言いたくなりますよね。でも子どもからするとね、残念ながらいくら言うても、嫌やな〜って思う言葉にしかならないんですよね。やれと言われるとやりたくなくなるのが子どもなんです。〇〇くんに限らず、そういう子の方が実は多いです。言ったら勉強してくれる子は、勉強が好きで、得意やと自覚している子だけでね、言ってもやらない子は、勉強が嫌いで、苦手だと自覚している子なので。嫌いで苦手なことをやれと言われるのは、大人だって嫌ですよね。〇〇くんがやる気になる言葉とか、テストで良い点を取れたことがあったとか、そういったポジティブになることが増えていくのがまず大事やなって思うんです」といった話をします。自分に置き換えて考えたらどう思うか、ということも話の中に交えて、子どもの気持ちをイメージできるように具体的に伝えることが大事です。そして、私自身も子どもと同じで、まどろっこしい言い方が苦手で嫌いなんでしょうね。そういったことも自分で話しながらふと気付かされます。語り合いの中で、なぜ自分は今こう言いたくなるのか、自分には今どんな感情が湧き上がってきているのか、そういったことも同時に考え、分析することで、相手のことだけでなく、相手を通して自分の状態も理解していく。そして今できることと言葉を選んで表出していく。これが我々専門家にとって重要なことなのです。

ある時「はっきり言ってくれて良かった」「誰も言ってくれなかったから、言ってもらえてスッキリした」と言ってくれた方がいました。厳しいけど優しい、それが今の私の周囲のイメージになっています。でもそのイメージのほうが、自分にとってもしっくりとくるものでした。

私は、自分の性分を生かしつつ、必要なことを言葉で投げかけられる心理士であろうと思います。演技の自分がいなくなったことで強さを身に付けられた気がしています。厳しいことやはっきり物事を言うと、場合によっては嫌われることもあります。誰しも嫌われたくないのが本音で、当たり障りのない言葉を言いがちです。私にもそれがあったと思います。それによって優しい人ではいられますが、一方では頼りない、その場しのぎのことしか言えない人にもなってしまいます。私はその、その場しのぎをやめたかったのです。

言葉は言い方次第です。言い方をうまく使いこなせたら、どんな厳しい言葉でも優しさや愛情を感じることができます。恐い顔や低い声で言うのか、眼差しは優しく、でもあっけらかんと言うのか、振る舞い次第で伝わり方は変わります。皆さんご自身の言葉の言い方・振る舞い方は、いかがでしょうか。自分の言葉や態度が相手にどんなふうに伝わっているのか、また、今の自分の振る舞いはしっくりきているのか、自分の在り方を日頃から考え、見直すことはとても大事なことです。

2. 自己理解ができていない私達

自分のことを語れるだろうか

皆さんは、自分はこんな人間です、とスラスラ人に話ができるでしょうか。心理学では、〝自己理解〟という言葉を使いますが、これができていない人は結構います。皆さん、自分のことはぼんやりとした理解で止まっているのが実情です。いざ具体的に自己アピールしなさいと言われると困る人は多いです。受験や就活の面接の時など、自分の個性や特徴、思考の仕方を日頃からきちんと理解できていて、話し方も分かっていれば、本当は練習する必要なんてないのです。履歴書に長所・短所・自己ＰＲを書く時に悩むこともありません。でも実際、いざそういうことを求められると「えーっと……」となっている人が多いのではないでしょうか。自分のことが分かっていないと、社会生活や仕事で困ることが結構あるのです。それがどんなことかをこれからお話ししていきたいと思います。

幼き頃から自他を理解する努力をさせよ

自分を理解すること、これは子どものうちから必要なことです。子どもの発達検査や学習に関する相談を通して、表現力・相手の話を聞く力の弱さが目立つ子どもが近年増えていると感じます。自分を理解するどころか、相手の言っていることを理解しにくかったり、相手に何か伝えたいけど何を言えば良いのか分からなったりする子がとても多いです。そうなると親に代弁してもらったり、言いたいことを内に秘めたまま不全感が募ったりし、表現力・主張力・自立心が身に付きにくくなります。言いたいことが満足に言えない子は自分で何かを成し遂げる力も持てません。言葉一つであっても自分で一歩踏み出せないのですから。

思いを言えずモヤモヤ状態になると、イライラも強まってきます。それを抱えきれずに、人からすればよく分からないタイミングで、我慢していたことを爆発させてしまいます。泣きわめいたり、怒り散らしたり……大人はなぜ子どもがそんな状態になるのかさっぱり分からないまま対処していることが多いです。子どもも大人も、今感じている気持ちが何だか分からない、何を考えているのか分からない……分からないままその状態をひとまず落ち着かせようとするのです。大人のほうは日々の忙しさで時間もないですから、子ども達の気持ちをじっくり聞いて整理してあげる暇もありません。「時間にも自分にも余裕がないから、子どもにちゃんと関わってあげられない」と大人はよく言います。それはよく分かります。保護者であろうが、学校や幼稚園・保育園の先生であろうが、子どものことだけでなく、働いて、生活のこともして、大忙しです。とにかく大人は忙《せわ》しなく動かなければなりません。それは仕方ないことです。私はそれが悪いこととは思いません。子どものため、生活のために忙しく動いているのですから、かまってあげられない・話を聞いてあげられないという申し訳なさは感じるかもしれませんが、大人が悪いわけではありません。

子どもも子どもなりにそのことは理解していかなければなりません。何でもしてもらえるわけではないこと、何事にもタイミングがあるということ。子どももそれを認識していかなければ自立していけません。
「今、〇〇しているから終わるまで待っていてね」「ごめんね、今はできないの」と伝えれば良いだけなのです。申し訳ないけど今は無理なんだ、またあとでなら大丈夫だよと冷静に言ってあげるだけで良いのです。大体失敗する理由は、「もう！　今忙しいんだからやめてよ！」「今できないの、見て分かるでしょ！」と感情的に、大人の都合で言ってしまうなどです。子どもだけでなく、夫婦間でもよく飛び交いそうな言葉ですね。「空気読んでよ！」「見て分かってよ！」というようなものです。

落ち着いて現状を伝えれば、子どももすんなり受け止めてくれることが多いです。それでも子どもがごねて騒ぐなら、何も言わずスルーして自分のすべきことをまず片付ければ良し。どう主張しても今は相手にされないんだと子どもも気付きます。放っておかれることは、人が一番されたくないことです。スルーされたくないから次は気を付けよう、工夫して伝えようと子どもは学習します。その学習をさせるのが親の頑張りどころです。もしかしたらこれは夫婦間でも使える時があるかもしれません。

我慢を知らずに育った子どもは我慢できない大人になる

「子どもに我慢させるのは良くない」と大人はよく言いますが、すべてがそうではないと私は考えています。なので、子どもに「今は無理なの」と伝えることと、時にはスルーして子どもに考えさせることを先述しました。適度に我慢もして、大人とのタイミングが合った時にしっかり話をし、触れ合えば良いのです。

そういったことができない子どもが大きくなると、困った人になることもよくあります。

必要な時に、すぐ対応してもらえないと怒って泣いて、大人が根負けするまで騒ぐ子……ごねたら勝ちという学習をしてしまいますね。

困った時に大人に言って解決してもらうことが当たり前になる子……自分一人で物事を判断できず、他者に頼ることばかり考えるようになります。

物事の判断を他者に委ねると、自分で考えたり、責任を持ったりすることができなくなります。挙句、他者の判断をもとに行動して失敗した。それは自分のせいじゃなく、そうしろと言った相手が悪い、と簡単に人のせいにもしてしまいます。そんな子が、そんな大人がどんどん増えているのです。私はそういった人だらけになる世の中が不安で仕方ありません。人に頼る・人に責任を担ってもらう人は、果たしてそういった状態になっている自分を自覚しているでしょうか。大半ができていません。気付いていません。自分を理解していないままなのです。

子どもの自立を妨げない

子どものうちから他者や状況を見て、今すべきことやタイミングを考える、できる範囲で相手に合わせる練習をするなどは、絶対にしておいた方が良いことです。厳しいかもしれませんが、子どものうちから意識して周りを見る力を養い、自分のすべきことを判断できる子にならないといけません。子どもだからと優しくし過ぎる・尽くし過ぎるのは、将来の自立を妨げます。あとあと大きくなって、〝もう大きくなったんだから自分で考えて動いてよ〟と大人側が思っても、できない子にしてしまうのです。子どもの自立は大人がしてほしいタイミングでするものではなりません。小さい頃からの経験と思考・判断の積み重ねの中でできるようになり、自立して大人になるのです。いきなりはできません。それに気付いていない大人も多いんですね。このくらいの年齢になったら勝手にできるようになるだろうと、そう思っている大人が多いのです。

仕事柄、私は自立しきれていない子ども、学生、大人達に度々出会います。周りから至れり尽くせりしてもらうことが当たり前になっている人がとても増えました。当たり前だから感謝の気持ちすら持たない人もいます。最近は〝権利の主張〟ということもよく言われますが、権利とはまず何なのかを考えてほしいところです。

一人歩きする「権利」に負けた現代人

仕事を休むことが権利
そこそこ良い給料をもらうことが権利
苦手なことはしなくても良いという権利

何かと個人の権利だと言って、自分の要望を通そうとする人が増えていませんか？確かに権利ではありますが、休むにも高い給料をもらうにも、本来それなりの日頃の努力と実績がいるはずなのです。そこが疎かなのに、○○させてほしい、もっと○○が欲しいというのはいかがなものでしょう。皆さんも少なからず対人関係や仕事の中で思い出す場面があると思います。

とある会社で管理職をされている方が私に相談されました。「今の若い子達、新人達はどうやったら頑張ってくれるんですか？」と。最近はせっかく就職したにもかかわらず、仕事を任せると、十分にその仕事をしないうちから「難しいからできません、嫌なんです」「仕事がしんどいから休みます」「責任が大きいのが嫌だ」と言ってしまう若者、新卒の人が増えているとのこと。そして、そのまま仕事をあっさり辞めてしまう人があとを絶ちません。

私は普段、こういった社員に振り回されて困っている方のご相談をよくお聞きします。その方達は、困った社員の分まで働いてヘトヘトになり、見ていて本当につらそうです。どう伝えたら仕事してくれるのか、逃げずに頑張ってくれるのか、と毎日悩んでいます。

「自分だって本当なら休みたいし、適度なバランスで仕事をして良い給料をもらいたい……こっちにだって休む権利はある。でも相手が仕事をしてくれない。また急に休まれた。仕方なくその分まで自分達がやるしかない、頑張るしかないんだ」と、そんな状況が多々起きている社会になってしまったのです。

「良かれと思って頑張れと言っただけでも、気持ちを分かってくれない！　ひどい！パワハラだ、なんて言われるんです。だから何も言えないんです。厳しく言うなんて絶対できません。それがまた悔しいんです」と、これもよく言われます。疲弊させられている側も、個人の考えを尊重して何も言わないでいるのか、揉め事になるから言わないのか……言いづらくなっている自分の気持ちを振り返る必要があると思います。そういったことをきちんと考えることが自己理解となり、自分が本来すべきことと、他者に伝えるべきことは何であるかを考え、判断する。この過程が私達の成長になります。これをきちんとしていないまま日々を過ごしている人が大半なのです。権利、世間体、他者からの評価、そういった基準のよく分からないものに圧迫され、気持ちが負けてしまっているのです。

一方で、文句を言う人は、自分の権利や自由は強く訴えてきますが、相手側にも権利や自由があることは無視します。何なら、ないものとして考えています。自分さえ良ければそれで良いのか⁉ そう言いたくなりますね。でも言えません。指摘するとパワハラだ、権利の侵害だとすぐ言われます。私がこんなふうに言っているのが気に入らない人もおられると思います。

ですが、疲弊しながらも、他人の分まで頑張らないといけなくなる人が私達の周囲には存在するのです。自分が休んだり、したくないことから逃げたりしたあとどうなるかなど、よく考えた上で、自分の働き方や休み方のバランスを取ってもらいたいと思います。

先人が若者のことをすぐに諦めるから若者が努力しなくなる

子どもや若い人ほど、将来を担っていくのですから、自分のものの考え方・捉え方・日々感じたことを見つめ直し、社会に必要な行動と判断を選んでいかないといけないのです。楽しけりゃ良い、毎日好きなことがしたい、余暇は大事などなど。それだけの日々ではいけないと私は思います。楽しさも大事にしながら、厳しさも苦労も兼ね備えなければいけないのです。しんどいことはしたくない、楽に物事をこなしたい、好きなこと・都合の良いことだけを選んで生活していきたい……誰しも思うことですが、それでは充実した人間・充実した生活にはならないんですね。一見、毎日が楽しそうなだけの、中身のない人間になりかねません。

例えば、お金を稼ぐことは楽にできることでしょうか。そんなことはないですよね。皆さん大なり小なり苦労して、努力してお金を稼いでいるはずです。ネットの広告などで、〝ラクラク高収入〟と書いてPRしたどこかしらの広告をよく見かけますが、ラクラクなわけがありません。楽して儲かる仕事があるなら誰でもすでにしています。私は子どもや働き盛りの世代・仲間に対して、簡単に楽を求めない人間になってほしいと思います。

それと同時に、人生の先輩である年上の方々・年配の方々に、子どもや若者を育て、成長させることを諦めないでいただきたいのです。我々、若者世代の伸ばし方をもっと見つけてほしいところです。若者との間でうまくいかないとか、思うように仕事してくれないとなると、すぐ「若いから何もできない」「今時の若い人は……」と言われます。まだよく知りもしない若者を、関わる前から「若いからな～」と言って、残念な奴扱いしていることもしばしばです。そう思われても仕方ないことを我々若者はしてしまっているのかもしれませんが、人生の先輩方にも若者時代があったではないですか。その時きっと同じことを周りに言われていたかもしれませんよ。自分が知らないだけで、大体の人が言われているのです。そしていつの時代にも言われていることなのです。

若者を豊かに伸ばす

子どもや若者は自分の先を行く人達を見て学び、育っていきます。良いことも悪いことも真似しますし、これで良いんだと学んで吸収していきます。先輩の皆さんには、自分達が良い手本になれていたのか、良い影響を与えられていたのか、それを今一度振り返ってみてほしいと思います。「若いからダメ」なのではありません。若い者にダメなことを知らず知らずのうちに見せてしまい、「ダメ」にしてしまっていることだって多いのです。

若いからこそ失敗もするし、教えないといけない・鍛えないといけないことは山ほどあります。それは先輩の皆さんも通ってきたはずの道です。それを振り返り、自分の時はどうしていたか、何をすれば勉強や仕事をうまくやっていけるかを、個々に合った伝え方で教えていただきたい。何もせずに若者を諦めて、失敗されたら困るからと自分が代わりに仕事したり、先回りして手助けしたりしてしまっては、子どもに対して至れり尽くせりする子育てと一緒です。若者は成長できません。先輩方が陰で頑張ってくれていても、それに気付かず、ラクラクと思って、何かあるとあっさり仕事を休むかもしれません。その割に、お金だけはしっかり欲しがる。そうなられては困りますよね。そんな彼らには先輩方のフォローや頑張りは当たり前のことで、感謝の気持ちも湧き起こりません。先輩方に期待されていないと感じ取っているから、一生懸命頑張る気になれず、いい加減な仕事ぶりになっている人だっています。自分を信じてくれない人に懐いたり、成果を見せたりしようとは思いません。

互いに何が必要なのか、伝えるべきことは何かを考え、話し合って、一緒に行動して、自らを高め合える関係性を築いてほしいです。これができない職場や教育現場・家庭が多いのです。

「若いから」という言葉を問題視せよ

「若いんだからもっとできるでしょ」
「若いんだから体力あるでしょ」
「私より若いくせに」
「若いのに何でできないの」

こういった言葉を日常でよく聞きますよね。

自分自身も言われることが多いですし、私も年下の子相手に思ってしまうことがあります。でも思ったと同時に良くない考え方だとも思い、反省します。若かろうが年を重ねていようが、エネルギッシュに行動できる人はいくつになってもよく働きますし、活発に何かしら活動します。どんどん働いて出世する人もいれば、出世するより、趣味や休みのことを大事にして、そこそこの稼ぎで満足している人もいます。定年退職後は家でのんびり過ごしている60代・70代の人もいれば、80歳を超えても元気に仕事をしている人もいます。退職した60代・70代の人がエネルギッシュに働く80代の人に、「自分より若いんだからもっと働け、動け」と言われても困りませんか。若者だって、一見体力がありそうに見えても、個人差があります。極端な例え話ですが、元気そうに見える若者でも実は持病を抱えていて、活動を制限されている、そんな人だっています。そういった人からすると「若いんだから元気でしょ、もっと頑張りなさいよ」と言われると、苦痛でしかありません。そもそも年上の人に「私より若いんだから」「若さで頑張れ」と言われると、年下の人からすると何も言えなくなります。言うほうにとっては何気ない言葉かもしれませんが、言われたほうは実は結構なしんどさを感じます。若いと言われると確かに言われていることはもっともでもあるし、でもできないことだってある……でも口に出せない。悔しい……そう思ってしまいます。こういうことが積もり積もって、次第にパワハラだ、モラハラだという話に発展していくのです。そうなるとまた「今時の若い子にあれこれ言ったら怒ってパワハラって言われてしまう」という認識になり、人間関係や会話が難しくなるという悪循環に陥っていくのです。

若かろうが年上だろうが、頑張る人は頑張りますし、頑張らない人は頑張らないのです。頑張る意欲も基準も違うのです。その人のやる気、夢や目標がしっかりと確立しているか、それが個人の成長と成果を左右します。

若いからと一括りにして指摘しない・責めないことは大事です。その人が頑張りたい、もっと伸びてほしいと思う部分をいかに伸ばし、心と生き方を豊かな人達にしていくか、個を見て言葉を投げかけることが大事です。残念ながら「若いから」「〇〇だから」なんてことを言っている人が多いと、人を豊かにできる人が乏しい社会だなと思ってしまいます。若さのせいにしたくなる自分の気持ちや、納得いかなさは何なのかを見つめ直す必要があるのです。「若いからダメ」と言いたくなる人は過去に自分も言われたり、厳しくされたりした経験が刺激されて、「あの時自分だって苦労したんだから、同じくらい苦労して育ちなさい」「自分の苦労に比べたら生ぬるい」と無意識に過去の経験と比較し、ふつふつと思い出して腹が立っているのです。その腹が立つ刺激になった若者に、八つ当たりのようなものをぶつけてしまうのです。人は相手を通して自分を見ます。相手がいないと自分を見れないのです。「ダメ」な若者＝過去のいまいちだった自分なのです。それを思い出すのが本当は苦痛なので、それを思い出させた若者に腹が立っているのです。そこに私達は気付かなければなりません。それに気付けば、自分を改めますし、言われて嫌だったな、だったら嫌じゃない言葉で伝えてあげないと、と思えるようになるのです。だから自己理解が必要なのです。

単にマウント取りとか、上から目線で言いたいだけの人もいます。それはそれで、自分の幼さ、意地悪さ、そういう言葉でしか対応できない自分に気付いて、「あの人はそういうことでしか自分を保てないかわいそうな人だ」と陰で言われてしまう前に言動を改める必要があります。残念な人にならないためにも、自己理解と言葉を考えることは我々の重要な課題なのです。

叱ることができなくなった現代人

自己理解ができていないと、親になって子どもを叱らないといけない時、仕事で部下に注意をしなければいけない時、そういった場面で〝叱る〟〝怒る〟ことがきちんとできなくなります。皆さんは〝叱る〟〝怒る〟の意味やその違い、何といえば良いのかなど、分かっておられるでしょうか。現代人は叱ること、怒ることが非常に下手になったなぁと私は思います。自分自身も気を付けないとすぐに失敗してしまう、とても難しいことだと感じています。

子どもや相手を叱ったり、注意したりする時、友人間や夫婦間で怒った時、ついつい人は感情的になり、自分の考えや、自分はこうしてほしかったのに何でしてくれないんだ！　と言葉をぶつけてしまうことが多いです。「私の気持ち」が先立って、とにかく相手に分かってもらいたい・受け入れてもらいたい、そうじゃなかったら自分が困るんだ！　という思いを相手にぶつけてはいませんか？

カッとなって怒る時、それは人間にとって、何かしら不安や脅威を感じて、心がつらくなり、それをどうにもできないし、こんな状態にされたことがしんどくて、相手に腹が立つのです。よく喧嘩や怒った際に、「お前が○○したせいで！」とか、「こっちが困るのよ！」とか、そんな言葉が出やすいのではないかと思います。言わなかったとしても、心の中では、「こいつのせいで」「～された！」「何で分かってくれないの⁉」「察してよ！」「考えたら分かることでしょ！」と、ふと思ってしまっているでしょう。それを思ってしまうこと自体は人間ですから誰でもありますし、そう思いたくなるほど腹が立つ気持ちもお察しします。ですが、それらの言葉を口にしてしまったら、言われた方は傷ついたり、腹が立ったりして大喧嘩になることが多いです。関係を修復できないほどになって縁が切れてしまうこともしばしばです。言ってしまった自分をあとで振り返って自己嫌悪になる人もいるでしょう。言葉とは恐いのです。上手に言葉を選ばないと、言葉一つで人間関係も、信頼も、仕事も、何であっても、突然一変することが多いのです。特に叱る・怒る時の言葉は重要です。ですが、これがうまくできないのが私達なのです。

例えば、国会議員が国会の中で感情的に発言したことにより、「失言だ」と取り上げられ、ニュースでもネットでも度々話題となり、問題視され、騒動となって会見などで謝罪し、辞職までせざるを得なくなったケースも多々あります。芸能人でも、言葉選びを間違って言った内容が、これまたニュースやネットでも話題になり、盛大に叩かれ、人気があった人でも低迷し、テレビであまり見かけなくなるなど、よくあることです。特に感情的に、乱暴に言った言葉は取り上げられて、あれはどうなんだと指摘され続けます。そういった立場でなくとも、感情的にものを言ってしまうと、親子関係や友人関係、先輩後輩、職場の人間関係など、誰においても、どの場面においても、一つ間違えると大変なことになりかねません。

そもそも〝叱る〟とは、してはいけないこと・危険なこと・今対処しないとあとあと大変なことになると思ったことに対して、できる限り一発で、一言で伝えることなのです。危ないことをしている子どもに対して、まずは一言で「それはしない！」と言うものです。例えば、道路に飛び出しそうになった子に「行かない！」「走らない！」

「止まりなさい！」と、その一瞬で何とかしなければいけない時に発する言葉です。先にも、私は子ども達が危ないことをした時などに、まずは一言で伝えると述べましたが、この〝叱る〟の本質を意識しているからなのです。一旦、よろしくない動きを止めて、その後は冷静に何がいけないのか、どうするべきだったのかを説明し、理解を深め、必要な約束をする。こういった流れが子どもや他者を叱る・注意する時に大事なのです。説明する時に、自分の感情論を盛り込んではいけません。客観的に伝えること、気を付けないとあなたが大変な目に遭うことを諭すように教える作業が本来大事なのです。

〝怒る〟とは、感情的に自分の思いを訴えることです。先に述べたような「お前のせいで！」とか、「私が嫌な思いをした！」とか、「何でこうしてくれなかったの！」とか、そういった自分を主軸とした気持ちを前面に持ってきて、相手に「分かってくれ！」という思いでぶつかってしまうことです。大体の人はこれをしてしまいます。家族、先生、職場の人など、皆さん「何で⁉　何でそんなことするのよ！」「もー！！」という言葉を一発目に言うことが本当に多いです。思ったことがそのまま言葉に出てしまっていますね。理屈やルール、物事の意味を説明する前に、先に感情が出てしまいます。一発目が感情的な言葉だと、相手としてはもうその時からうんざり感を持ちますし、「とにかくワーワーと言われた」としか思えず、こちらの言いたいこと・本当に教えたいことが一つも伝わりません。

私も子ども達と関わる仕事をしているので、叱る時の言葉には気を付けてはいますが、それでもついつい失敗してしまうことだってあります。日々反省です。私のもとに相談に来られるお母さん方も、「分かっているのについ感情で言ってしまう……」と、嘆かれている方が多いです。良くないと分かっていてもつい、口をついて出てしまう、叱り方が分からなくなる……それはある程度仕方ないこともあります。人間は意識して気を付けていないと、感情のほうがポロっと出やすい生き物ですから。ある程度の失敗は仕方ありません。そこから学んで次に活かせば良いですし、あとで素直に相手に謝れば良いのです。

大事なことは、感情的になっている自分にすぐに気付いて、「これはいけない、もっと言葉を考えなければ」と、その場で考えられるかどうかです。これができずに感情のままに突っ走ってしまうと、ろくな結果になりません。自分も相手も周りも、傷ついたり、損したりします。感情的に言われた・怒られた言葉は恨み事のように相手の心の中に残りやすいです。

親子の場合は、親に言われた怒りの言葉をいずれ子どもが同じように使うようになります。口調が似てきたり、外で子どもが同じような乱暴な怒りの言葉を使うようになったりします。それどころか、親のほうが年をとって、子どもが大人になった時に、かつて親が言ったキツイ言葉を子の方が言ってきます。「何でこんなことしたんだ！」「何でそんなこともできないんだ！」などと、仕返しのような言葉が無意識に子から出てくるのです。子が発した言葉は、過去に親が発した言葉です。そこでやっと過去の自分の言動が間違っていたことに気付いても、もう遅いのです。そうならないように、叱り方や言葉選びは早いうちから考えないといけないのです。失敗したらしたで、きちんと謝り、お互い納得した形で仲直りをしないといけません。

私が仕事で保育園に訪問した際、子どもを叱ったことがあります。子ども同士で言い合いをして、お互いに怒って泣いていた時のことでした。こういう場面は、きょうだいや、幼稚園、保育園、学校でよくあることと思います。

私が訪問した際、喧嘩していた彼らは私と目が合った瞬間、一人は「○○くんがおもちゃ取った」と言い、もう一人は「○○くんがおもちゃ貸してくれなかったから」と言いにきました。お互いの言い分に納得せず、そこでまた言い合いがヒートアップ。そういう時に大人がしがちなのが、先に悪いことをしたほうを叱って謝らせる、とか、「喧嘩してはいけません!」とその場を終わらせようとするなど、そういった感じではないでしょうか。

私の考えとしては、喧嘩両成敗だと思いますし、どちらも叱らないといけないと思います。ただ、言い合いになった事実に対してどうこう言ったところで、悪者探しになるだけで、納得いかないまま子どもに謝らせてしまって、子ども達の方は何だかモヤモヤして終わることが多々です。叱られたのはお前のせいだ、許せない! と根に持つ子だっています。

私がその時、彼らに言ったのは、「喧嘩したいのか、一緒に遊びたいのか、どっち!?」という一言です。その言葉に、彼らは言い合いをピタッとやめました。そしてお互いに言った言葉は「一緒に遊びたい」でした。「遊びたいなら、喧嘩しなくていいよね。どっちが悪いとか言わなくても良いんじゃない？」と伝えると、彼らは「うん」と言って、そのまま遊びに戻っていったのです。さっきまでのことはなかったかのように、一緒に遊び始めました。

彼らは最初一緒に遊んでいて、たまたまおもちゃを無言で持っていったり、相手が使っていたことに気付かず自分が使ってしまったり、些細なミスの結果、トラブルが生じただけなのです。そこが幼さゆえに、「今ぼくが使ってるから、使うのちょっと待って」や、「これ貸して」などの言葉がすぐに言えなかったのです。状況を把握する力が発展途上で、パッと見た事実だけでものを言ってしまうので、相手がおもちゃを手に取ったら、それは、奪った！　と瞬間的に勘違いして怒ってしまうのです。

そこからこじれた言い合いの状況にアプローチしても、本人達も何が良くなかったのか、どうすれば喧嘩にならなかったのか、お互いに認識した状況と考えが違うので訳が分からなくなります。トラブルを解決させることよりも先に、元々は何をしたかったのかを思い出させることが必要です。彼らは、ただ一緒に肩を並べて遊んでいたかっただけです。そこの原点を思い出させることが大事なのです。二次的に発生した出来事をどうこうする前に、原点を思い出させ、自分は何をしたかったのか、どうすれば楽しく遊べたのか、今のトラブルをどう解決すべきか、ヒントを与えて子どもに自分で考えさせることが大人の役目です。

今の状態の自分と、ふと出てくる言葉に瞬時に気付く・考え直す・必要に応じて軌道修正する。それができる人は多少言葉を間違えることがあっても、すぐに言動を改め、信頼を取り戻したり、相手との関係を上手に維持したりする力を発揮できます。叱った言葉の意味も思いもきちんと相手に伝わります。これができない人は、残念ながらあまり周りから信用を持たれず、ややこしい人、すぐにキレる人、自分勝手な人、筋の通っていない人、癪に障る人扱いされ、人間関係も長くは続きません。自然と人が離れていきます。

自分の状態と、その時々の気持ち、なぜ今そんな気持ちになったのか、なぜ怒りたくなったのか、そういったものを日頃から意識して振り返り、考えておかないとどんどん残念な人になっていきます。そうならないように、自分自身もですが、一人ひとりが自己を知り、日頃から見つめ直し、何事においても研鑽していく意識と姿勢を持たなければいけないのではないでしょうか。

真の優しさは厳しさも兼ね備えている

自分を磨くこと、研鑽していくことでどんな人間になることが望ましいのか。それもまた難しいことです。何となくイメージすることは、優しい人になるとか、思いやりがある人になるとか、そんな感じではないでしょうか。では優しさや、思いやりとはどんなものでしょう?

あれこれ丁寧に尽くす、人のためにやってあげる、それがすべて優しさとは限りません。場合によっては甘やかしです。甘やかしているようではいけません。

例えば、要求が思い通りにならずにごねている子どもに根負けして、結局要望を通してしまうことです。大人でも、誰が聞いてもそれはおかしいだろうと思うような理不尽な要求を訴える人がいたとして、あまりにも圧が強いし怒っているから、仕方なく要望通りに対応せざるを得ないとか、そういったことは日常でよくあることですね。

確かに要望通りに対応しないと収まらない事態は多いです。嫌でもこちらが譲らないといけない時があります。それが大人の対応となることもあれば、結局はわがままを叶えてしまったという甘やかしになることもあります。ケースバイケースですが、そこで自分がしたことは結局何だったのかを考える必要はあるかと思います。要望を叶えてあげた自分は優しい思いやりのある人間だと捉えるのか、甘やかしてしまった、次から気を付けなければと思うのか、捉え方次第で物事の意味が大きく変わってしまいます。

優しいと言われたいから、多少しんどい要望でもすぐに聞き入れてしまうのか、断れない自分が情けなくて悲しくなるのか、とりあえずこの場を何とかしのげたから良かった、もうそれでいいやと思うのか……考え方は様々です。その中で自分は最後何を思い、どんな意味を感じるのか。そこを洗練して考えられるかどうかで、人としての在り方や振る舞いにも影響していきます。一見優しく見えるだけの甘い人になるのか、本心を抑えて抱え込んでしまう人になるのか、その場しのぎの人になるのか、良くないことは良くないと言って正せる人になるのか、なりたい自分は一体どんな自分なのでしょう。

とりあえずその場が何とかなったから、それでいいやと思える人にとっては、あまり気にせず過ぎ去っていくことかもしれません。もっとこうしておけば良かったと思う人は、心がモヤモヤとすることになります。優しさとは何でしょう？　思いやりとは何でしょう？　とても難しいことです。でも、良し悪し関係なく、要望を何でも叶えてあげてしまうのは本当の優しさや思いやりではない、と分かっている人は多いと思います。しかし、場合によってはそれをしないといけないので、現代社会はしんどいなと思わされます。

わがままを押し通そうと泣いて怒る子どもに、正しいことを言ってもなかなか伝わらない・受け入れてもらえないことだって多いです。周りの目が気になる時だってあります。静かにしてほしい場面や夜中に大騒ぎされたら困りますし、周りに迷惑がかかるのではないかとハラハラさせられます。

お店では、お客さんが、あれこれと無茶な要望をしてきたり、クレームを言ったり、店側に否がある場合は多少仕方ないにしても、明らかに勝手な言い分だろうという内容を訴えることも多いです。店側が説明したことと真逆のことを言って文句をつけてきたり、あることないこと言ってきたりする人もなぜだかいます。言ったもの勝ちの状況にさせられてしまうので、納得がいかないことでも店側が謝罪したり、要望通りに対応したりしなければなりません。これはしんどいですね。店側が反省すべき場合もあれば、ふざけるな！ と言いたくなるような場合もあるかと思います。それでも相手の良いように対応しなければならないことの方が多いのが現実です。相手側にとっては要望が通った、強く言えばしてほしいことをしてもらえた、と得した感じになります。仕方ないにせよ、甘やかしてしまったことになりますね。何だかムシャクシャする話です。

要望を相手が折れるまで突き通そうとする側にも問題がある、と皆さんも思うのではないでしょうか。本当に問題です。そういった人は、「欲しい、とにかく欲しい」「得したい」「思い通りにならないと絶対嫌だ」と欲深く、損得勘定で物事を考え、ずるくて自己中心的です。自分の得になることしか考えず、相手が自分の言動でどう思うか・何が起きるかなど、どうでもよいのです。むしろ、威圧してやった！ 勝った！

とさえ思う人もいるでしょう。そういった考えばかりで、他者に感謝の気持ちもほとんどありません。言葉だけの感謝を言うことはあっても、心からは思っていません。してもらって当然だと思ってるからです。それで良いと思って、自分の言動が周りにどう影響し、どんな思いをさせるのか、自分の押し通そうとしていることがどういう意味を持っているのか、本質を理解せず、平気でやってのけてしまう人が多くなっている現代社会を悲しく思います。多面的に自分と自分の言動を振り返ることができず、相手のことを思いやることができない人が増えてきたのです。世の中のサービスやサポートが充実すればするほど、この傾向は残念ながら強くなっています。自分が得して満足すること、尽くしてもらうことが当たり前と勘違いし、人や物事に感謝する気持ちの乏しい人が増えているのです。

クレーマーや、ネットで悪口を書き込むような人など、それを楽しんでしている人はとにかくタチが悪いでしょう。もちろん悪気なく、自分の中での正義があり、思いを訴えた結果クレーマーのようになってしまった、クレーマー扱いされてしまったという人もいます。意図せずそうなってしまった場合、残念な結果ではありますが、物事の捉え方は人それぞれです。言い方一つでいろんな事態が生じます。言葉はこういう時に恐いのです。自分も周りも不快な思いや、恨まれるような事態にならないように、それぞれが自分の言動を考え直さなければなりません。常日頃から振り返り、相手の立場や気持ちも考えながら言葉や振る舞いを磨いていこうという気持ちを持たなければ、現代人は荒れていく一方だと私は感じています。思いやりに欠ける人間ばかりの社会になりそうで私は恐いのです。

子どもであっても大人であっても、無茶な言い分やわがままに対し、それを正すことがしづらくなってしまったのが今の社会です。何せ言ったもの勝ちが通る社会になっていますから。内容が正しい・正しくないに限らず、言われた方はとにかく負け。そして悪にされるのです。主張なり、要望なり、文句なり、人間ですからそれがあって当たり前ですし、思うのも言うのもかまいませんが、言い方次第です。いくら腹が立つことや、言いたいこと・分かってほしいことがあっても、節度ある言葉と態度で伝えるべきです。言い方や手段を選ばない、節度のないやり方で挑もうとする人に優しくする・甘やかす必要は果たしてあるのでしょうか。

相手からの訴えの中で、良くない点に関しては整理して、こちらもきちんと言葉を返すことが、本当なら必要です。でもそれをすると、火に油を注ぐようなことになって、余計にこじれることも多いので、言われた側はひとまず受け止め、謝罪なり、相手の要求を満たすようにするしかありません。そうやって「はい、分かりました、すみません」と終わらせてしまうのは、優しさというより、相手に対する切り捨てでもあります。相手にこれ以上関わりたくないとか、関心がないとか、とりあえず対処して終わらせたい、という気持ちが働いています。要求した側は一時的に得をし、満足するでしょう。しかし、その状況がどういうことを示すのか、よく考えていただきたい。

要求を通した側は、実は自分が相手から冷ややかな姿勢と、見限る気持ちで対応されていることに気付かなければなりません。強く言って勝ったわけではありません。表面上では勝っても、本質では負けています。そこに気付かないと、いつまでも恥ずかしい困ったさんであり続けます。

本当に優しい人は、つじつまの合わないこと、正しいこと、物事の本質、お互いの状況など、とても冷静に見極め、説明することができます。普段優しい人が怒ったらとても恐かった、という話よくありませんか。真に優しい人は物事をきちんと見極め、分析するのも早いです。そして必要な対処を選びます。その対処が相手にとって有効かどうか、言ったら理解し改善するかどうか、そんなところまで分析している人もいます。理解できそう、まだ諭す余地がありそうな人には丁寧に、そして時には厳しく伝えてきます。優しさと厳しさは表裏一体です。諭す価値もないと思ったら何もせず見放します。時間の無駄、そこまでする必要のない残念な人だと判断するからです。優しくも厳しい人の対応とはそういった形で現れます。

「相手にする価値のない困った人だ、早々に切り上げよう」「表向きはひとまず優しくして、心では切り捨てよう」と、そんなふうに相手から思われる人になりたいでしょうか。なりたいくないなら、是非ともご自身の言動や考え方、表に出す自分を今一度振り返り、吟味して、修正していかなければなりません。感情任せで、要求ばかりしていると周りからどんなふうに思われるのか、想像してみなければなりません。そんな態度を取り続けると、本質では自分のほうが恥をかくことになり、いつまでも人の気持ちが分からない、幼い精神の人間であり続けることになります。それに気付かなければなりません。それを理解せず、同じことを繰り返していると、いつか自分が痛い目に遭います。因果応報、自分がしたことは必ず何らかの形で返ってきます。自分でも気付かないうちに人から見放され、自分を大事にしてくれる人がいなくなり、孤立していくことでしょう。そういったことを特に、子ども達にきちんと伝え、将来に向けて教育していかなければいけないのです。未来ある子ども達が、ごねることを覚えて、残念でわがままな大人にならないように。周りから見放されるような大人にならないように。

3．誨（おし）える

〝教える〟と〝誨える〟

人にものを教えることは簡単なようで、とても難しいことです。ただ勉強や仕事の内容、社会の生き方を教えれば良いというわけではないのです。教えられるだけ・人から言われるだけの内容は残念ながら頭に入りません。印象も薄いです。自分達の時代はこうだった、と教えた方が良いということでもありません。もちろん知らないこと・初めて経験することは教える必要がありますが、内容と状況と相手を総合して考えて、相手に必要な事柄を選び、教えなければなりません。

〝教える〟には、教育する・指し示す・先生の方から注入する、という意味がありま す。〝教〟の漢字は、鞭打って鍛えるという意味合いから成り立っており、一方的な感じがあります。〝おしえる〟にはもう一つ、〝誨〟という漢字があります。〝誨える〟と書きますが、これは孔子の論語の中によく出てくる言葉です。〝毎〟の部分には、「暗い」という意味合いが含まれています。

「暗さを言葉によって取り除く」

これが〝誨える〟です。一人ひとりに向き合って、己を高めようとする気持ちや、意欲を引き出そうという思いが込められた言葉です。

さらに言うと、本人が悩んで悩んで、苦しみながらも悩み抜いて、それでもどうすれば良いのか分からないと頼ってきた時に、必要なことを伝える。〝誨える〟とはそういうことなのです。簡単には教えません。まずは自分で悩み尽くしなさい、それでもどうしようもない時、初めて人に尋ね、すべきことを認識する。本人にまずは頑張らせます。まずは自分で頑張らねばならないのです。それを導く側にいる人は見守り、時を見て、助け舟を出す。「簡単には教えてやらない」と、論語の中では語られています。昔の人はそうして人の成長を促してきたのでしょう。現代人はどうでしょうか。何だか耳の痛い話に思えませんか。

こういった〝誨える〟という言葉を昔の学校教育ではもっとされていたようなのですが、いつの間にかなくなってしまいました。私も学校で習ったことがありません。

大人になってからたまたま知りました。とても大事な意味を持った言葉だというのに、今の学校では語られていません。語れる先生はそもそもいらっしゃるのでしょうか。〝誨える〟の言葉どころか、私達が日頃使っている言葉や漢字がどのような意味を持って成り立っているのか、それを語れる先生も少なくなったのではないでしょうか。〝誨える〟という言葉を教育者の方々が知らないくらいですから。

現代社会の変化に伴い、〝自分で悩み尽くして考える〟ということ自体が少なくなってきたのも問題です。今はすぐ答えを出すことにこだわる人ばかりです。知らないことはすぐネットで検索する時代です。「検索先生」なんていう言葉が出てくるくらいですから、とにかく手軽に情報を検索して、何となくの理解と満足で終わろうとします。最近の子どもは辞書なんてあまり使いません。私が関わった子達の中には、辞書は持っているけど使ったことはないという子も数人いました。本を読んで、辞書を使って、言葉や知識を探す・学ぶ・考えるという機会が減ってしまったのです。
「どうしたら良いんだろう」「何が自分にできるんだろう」「今何を成し遂げるべきなんだろう」と、悩み尽くすことをしようしない人達が実に増えました。悩むことも大切な学びと経験の一つであるというのに、それを実感を持って教えられる大人も少なくなりました。それではいけないのです。

何でも楽に、手軽に物事をこなして、手軽に答えをもらって満足しているだけでは、人間進歩がありません。向上心も持たなくなります。勉強でも仕事でも、悩むことを避け、何となく、ぼんやり日々を過ごしていると、先述したように〝自己理解ができていない〟ままの人になって、何かしらの壁にぶち当たった時に困惑し、自分で物事をすぐに判断できないから、すべきことが分からないから、身動きが取れなくなってしまうのです。

自分のこともよく分からない人が、人に何か教えることなんてまともにできません。悩んで考えることもできず、それを避けてきた人が、困った時に物事を解決することなんて当然できません。問題への対処や、臨機応変に対応する力、柔軟性、発想力など、そういった力は、普段から悩んで考える作業を大事にしていないと発揮することができません。そもそも身に付きません。考え続ける力を鍛えることは柔軟に生きる上でとても大切なことなのです。

〝誨える〟ことが使命

私は論語が好きで、勉強をしているのですが、論語の師匠に〝誨える〟を教わった時、これは公認心理師・臨床心理士としてしなければならぬことだと痛感しました。いえ、我々専門家だけでなく、人を導く仕事に就いている人、子どもに関わる人、親、もっと言えば誰しもが意識し、できるように努めなければならないことです。この〝誨える〟を学校で教えてくれることはおそらくないでしょう。聞いたことがないと多くの方が言います。

私の仕事に関して言えば、カウンセリングとは〝誨える〟ことも含めてのものだと気付かされました。ただ共感的に話を聞いて、その人に寄り添うだけでは救えないことが多々あります。悩みに悩み抜いたクライエントに、よりよく生きるために・現状を打開するために、いかに必要な気付きを得てもらうか。あっさり言葉にして教えることはナンセンスなことです。簡単に言葉にして言えないからカウンセリングは難しいのです。何でも毎回はっきり言えば良いとか、親身にひたすら聞けば良いとか、そんなものではないのです。その人に合った言葉、気付きとなる関わりを我々は考えなければなりません。その人が気付いていないところをこちらが見つけ、それを本人が自分でも気付けるように問いかけをするのが私達心の専門家の仕事なのです。

承認欲求を満たすことに執着すると自立も成長もしない

仲間の中には、長年カウンセリングが続いていることに満足し、誇らしげにしている者もいます。それだけ関係性を続けられること、クライエントに頼られていることは素晴らしいことだとは思います。でも、目的が長く続けることだけになっていると問題です。目に見えて分かる回数の多さ＝成果ではないということを自覚できているかどうか。そこは我々も都度振り返りが必要です。長い年数の中で、悩みも出来事もあれこれ変化があったことでしょう。それに関わり、支えてきたことは立派なことです。ですが、クライエントを自分に依存させて終わりになっていないかも振り返らなければなりません。

我々は、目の前のクライエントが幸せになること、より良い選択ができるようになること、少しでも生きやすくなることを望んでいます。そう思っていつつも、ついつい依存関係に陥ることは多いです。依存が悪いとは言いませんが、適度な依存を経て、人は最終的に自立しないといけません。子どもが成長して親元を離れていく時のように。

私のような心理の仕事だけでなく、どの仕事でもいえることでしょう。年数や回数が多ければ満足という気持ちでいると、本来の目的や役割を見失います。現状や、数値化された結果に満足して、次第にそれに依存し、離れ難くなってしまいます。

同じ職場で長年働けていることは良いことだけど、いつの間にか惰性で続いているなどです。今の職場で骨を埋めるんだという気持ちで働くなら、それは永年勤続という一つの目標であり、何かしら今の職場への愛着あってこそ生じる思いでしょう。それなら良いことですが、そういう精神の人は滅多にいないのが現状です。

今の仕事を辞めたいけど転職するのが面倒、転職先でうまくいくか分からないし、したいことも見つからないし、結局今のままで良いかと思って、今の職場での目標もなくズルズルと働き続ける人、よくいますね。結局そういう人の大半は、今の職場に対する文句をたらふく言いながら働いています。

仕事に限らず、ＳＮＳや動画サイトでもいいね！　の数や、フォロワーの数の多さに依存して、数を増やそうと躍起になっている人も多いですね。若い世代でSNSに熱中している人ほどよくそれに陥ります。いいね！　した人やフォロワーがどんな人であるか、というよりもまずは数が多いこと。それが重要になっています。○万人フォロワー達成！　など、喜んでその内容をアップしている人は多いです。メッセージアプリでやりとりしている人数＝友達の数、メッセージアプリのリストにいない人は友達ではない、そういうことをサラッという学生も数年前から多いです。

人の質、自分がしていることの質よりも数が大事と思っている現代人が溢れた社会になりました。数がすべてではないよと訴えかけている方も同時におられますが、それでも数の多さをアプローチして喜んでいる、満足している人のほうがやはり多いです。

アメリカの心理学者マズローは、欲求階層説というものを提唱しています。これは、生理的欲求（食欲や睡眠など、生命維持するために必要な欲求）、安全欲求（安全な場所にいたい、住みたいと思う欲求）、社会的欲求（対人関係や社会生活を安定させたいという欲求）、承認欲求（他者や社会全体に認められたい、称賛されたいなどの欲求）、自己実現欲求（目標達成を目指し、自分を高め成長していこうとする欲求）

という5つの欲求が人間にはあるというものです。生理的欲求や安全欲求など、生きる上でまず必要な欲求が満たされると、集団や社会の場で適応を求めていく。所属する集団や場、より広い社会に対して自分の言動や実力などを認めてもらいたい・褒められたい・必要とされたいと思うようになる。それらが満足すると、自己成長を求め、より良い自分・より良い人生へと向かおうとする、というものです。欲求が満たされるとまた次の欲求へ、段階を踏んでいくことをマズローは説明しました。

いいね！　やフォロワー数がたくさん欲しい、SNSで人気を得たい、というのは承認欲求にまつわるものといえます。見て分かる数や評価をもとに、自分は認められているんだ、高評価を得てるんだ、羨ましがられる存在になれたんだと感じたいのです。

数の多さは人間を満足させてしまいますが、自分の軸は数値化されたものにあるのではないはずです。数値に惑わされるもっと前に夢見ていた目標、何を成し遂げたかったのか、自分が頑張ろうと思った理由や、決意は何であったかを忘れずにいてほしいと思います。

4. 自分の生き方を考える

中国古典から日本人の精神は磨かれた

私は論語普及会という、論語に親しみ、学びながら人としての生き方・在り方を考える会の会員で、いくつか勉強会にも参加しています。

その中で、日本国を慈しむ心とは何か、日本がどうなっていくべきか、などの国民性とは何ぞやという話がよく問われています。年配の方が多い会ですので、古き良き日本、戦後の日本を支えてきた時代についてよく話題に出ます。国を思い、これから先の日本がどうなるのか、日本人の精神とは、ということがディスカッションされているのを聞いていると、それほどにこの国を想えるのがすごいなと思わされますが、正直なことを言うと私もなかなかその話題についていけずにいます。それが現代の若者・働き世代の正直な気持ちだと思います。国どころか自分のことで精一杯、家族や仕事、日々を過ごすことで精一杯だからです。生活にも心にも余裕がないのに、国全体のことや国の行く末なんて考えられません。今日明日のことでも手一杯なのですから。

論語をはじめとする中国古典の思想は日本に大きな影響を与え、今日に至ります。論語を宗教だと思っている人や、耳の痛い話ばかりの高尚な学問と思っている人も多いですが、そういったものではありません。論語や中国の儒教は昔の人格教育の一つで、その教育から良いところや、日本人に合った部分をうまく取り入れ、活かしてきたことで今の日本が成り立っています。日本人の特徴、「日本人らしさ」というものは中国古典から来ているのです。

例えば、日本人特有の〝謙虚な姿勢〟というものは、論語から来ています。自分はよくできているから、と満足して自慢したり偉そうにしたりしてはいけません。もっと精進しなさい。まだまだ満足して良いレベルではありませんよ。苦手さや欠点があるからこそ、それを少しでも小さくしていくためにもっと努力して、向上するようになさい、というようなことを孔子は語っているのです。自分はまだまだだから、もっと頑張らないといけない。そういったことの教えを通して、「謙虚であれ」という姿勢が我々日本人の中に根付いているのです。

あまり論語の中身について触れられるほどの立場ではない半人前ですので、これ以上は語りませんが、私は人格教育というものにすごく惹かれて、論語を今学んでいるのだなぁと感じています。ですが、自分の欠点をなくしたい、なくすために論語を学び、それを日々の生活に実践しようとか、そういったつもりで私は勉強しているのではありません。論語でも、他の教養本でも、それらを読んでそのまま実践しようというのは正直なところ好きではありません。なるほどと思わされる言葉は多くありますが、日頃生活している中で意識し続けているかというとそうではありません。どちらかというと、普段は論語の言葉を忘れて仕事しています。人によっては論語をしっかりと読み込んで、それを実践しようと努力されている人もおられますが、私はそこまではできないなと自覚しています。私の場合は、論語を読んだ時にふと「そういえばあの時の出来事はこの言葉に当てはまる気がする」と思い出し、「あの時はよく頑張ったな」「もっと考えて動かないといけないいな」と、振り返りと意識を磨くという目的で読んでいます。

「論語でこう言っていた」「有名な○○がこう言っていた」と言う人は、個人的にあまり好きではありません。そういう人は結構多いですが、誰かが言ったことをそのまま使っているようでは、自分のものとして落とし込めているような気がしません。おそらく言葉だけ鵜呑みにして、自分の言葉になりきっておらず、自分の言葉に自信がないから有名人の言葉を借りて、それらしい意見を述べているのです。私に論語を紹介してくれた税理士も同じことをよく言います。「自分の言葉になってない奴は、論語も勉強したことも頭でしか分かってへん。誰々がこう言ったからこうすべき、というのはそいつの考えではない。自分のものになっとらんのや。自分がないんや。勉強して何でも知った気になっとるだけや。それではあかん。自分の中に落とし込んで、自分の言葉で語れ」と。これは論語に限らず、私達のような専門家にも通ずるところです。「理論ではこうなってる」とか、誰かが提唱した考えをそのまま言っているだけではカウンセリングとして成り立ちません。理論も知識ももちろん土台には必要であり、戦略を持って問題に取り組むことも大事なことです。でもその土台の理論や知識を柔軟に扱い、関わっている相手に合わせて取捨選択し、しかも瞬時に対応し、自分の言葉や治療的態度を通じて相談者と会っていかなければなりません。

論語に触れることは私にとって、個人の人格教育・専門家としての人格教育となり、自己を磨く機会となっています。そして社会で何ができるか、専門家として何が現場でできるか。他者のことを想いながら、できることに全力で取り組み、できないことはダメもとでも挑戦してみること……これが今の我々に必要な感覚だと思っています。日本社会全体をどうこうできる力はなくとも、目の前の社会に向き合い、できることを探して実行することは本来誰でもできます。そう思って生きていくことが〝日本のためになること〟と認識しています。

古き良き時代の日本を想う年配の方は多いでしょうけども、時代にそぐわなくなってきた文化・風習も増えてきました。例えば、家庭では夫を立てて、妻は家事全般や子育てを担うことが昔は主でしたが、今は男女平等・女性の社会進出・家事や育児は夫婦で助け合う、といったことが当たり前の時代です。それがダメという社会の方が今は問題でしょうし、昔通りの夫婦の在り方や働き方を貫けば日本が良くなっていくかというと、そんなことはないでしょう。夫はこうあるべき、妻はこうあるべき、若者はこうすべき、などといった意識や習慣は時代に合わせて変化していって良いものです。日本を憂える心があるなら、今の多様な社会・多文化を柔軟に受け止めていくことも先人の役割ではないでしょうかと、時々「今の日本は良くない」「昔は良かった」と文句を言っている人達に言いたくなってしまうのです。小さい集まりの中で、日本がどうだ、これからどうなるんだ、もっとこうすべきだと言っているよりも、自分にできることを見つけ出して、目の前の社会に出向いていく方がよっぽど将来のためになるのではないでしょうか。若者に、働き世代に頑張ってもらいたいというなら、先人達も柔軟な思考で変化を認め、次の世代を応援していただきたいものです。

苦労を嘆かず「自分らしく生きる」

〝自分らしく生きる〟というこの言葉は、私がカウンセリングしている、ある女の子が人権作文で書いたタイトルです。彼女は4歳の頃から私のもとに来るようになり、今年で約9年のお付き合いになります。出会った頃はとても小さかったのに、今ではすっかり大きくなりました。とても愛らしい女の子です。彼女は保育園の頃、なかなか園の中で先生や周りとうまくいかず、苦手なこともいくつかあったので、集団生活の中で苦労していました。皆と同じように過ごせないしんどさを親子共に抱えておられ、私のところに発達検査と子育て相談で来られたのが最初でした。

小学校入学後も低学年の間は苦労が続き、学校での活動や周囲の子達との間でうまくいかないことが何度もあり、自信も自尊心も低くなってしまっていました。自信が持てないからこそ、必死になって一番になりたい・勝ちたい・認められたい、何においてもそういったことにとらわれて、自分で自分の首を絞めるような状態になっていました。一生懸命やっているのに、何をやってもうまくいかないとなると、人間誰しもしんどいものです。小さい子どもは特にです。彼女の頑張りも、皆と同じことができなくて悔しい気持ちも、自身に対して情けなく思う気持ちも、親子とのカウンセリングの中でずっと見てきました。彼女の本来持つ良いところがクローズアップされず、うまくいかなかった出来事ばかりが注目されてしまい、彼女はそれを周りから指摘されてはつらい思いをしてきました。

うまくいかないことが続くと、変わらなきゃ、皆と同じにならなきゃ、と人は思いがちです。確かに人に迷惑がかかることや、社会的に問題があることについては変わらないといけません。でも人として何か変わろうという時、何のために自分は変わろうとするのかをまずは考えなければなりません。自分のために変わるのか、人のために変わるのか、誰のために変わるのか……自分は納得していないけど、人から言われたから仕方なく変わるしかないというのだったら、私はそこを無理して頑張る必要はないと考えます。自分が変わりたいと思って変わることが大事です。人のために、改善すべき点だけでなく、良いところまで隠してしまうような変わり方ならしない方が良いです。それはせっかくの個性がなくなってしまうことになりますから。私は彼女にそうなってほしくないなと思っていました。

人は苦手なことがある時、自分にないものを持っている人や優秀な人、スターのような人に憧れ、羨ましく思います。人は誰しも、大なり小なりそういった面があります。でも、ないものはないし、苦手なことは努力すれば得意に変わるものと、そうでないものがあります。ないなりに、難しいなりに生きていかなければならないのです。身長がもっと高くなりたかったとか、芸能人の○○さんのような顔に生まれたかったとか、望んでも無理なことは無理なのです。身長も大人になってからはぐんと伸びませんし、顔も変えられません。美容整形で変えられたとしても、元の遺伝子が変わるわけではありませんし、費用もかかりますし、もっともっと変わりたいと思って、とりとめのない美の追求になってしまう人もいます。結局終わりはないのです。私達人間は、これで満足と思えることが少なく、常に何か良さそうなものを無限に追い求めてしまう生き物なのです。それが私達人間のつらいところであり、自分の首をしめる要因の一つになりやすいのです。

〝ありのままに〟〝ありのままに生きましょう〟という言葉を世間ではよく言われますし、アニメーション映画の主題歌で流行った言葉でもありますが、〝ないなりに生きる〟という言葉の方が私にはしっくりきます。以前働いていた小児科の院長先生が〝ありのままに、じゃなくて、ないがままに生きる、のほうが正しいと思う〟と言っていたのですが、私もその言葉に同感でした。自分にはないもの、できないこと、苦手なことはそれとして受け止め、ないなりに・苦手なりにどうするか、何か補えるものを見つけ、他にできそうなことに取り組み、力を磨けば良いのです。学歴や出身高校・大学がどこだとか、生まれた地域がどうだとか、そんなことは自分の背景の一部分にしか過ぎません。どこの学校出身だろうと、その人が頑張るか頑張らないか、社会で何をしたいか、何を成し遂げたいかで仕事も生き方も変わります。勉強がよくできて、名門大学出身でも就職できずにいる人や、就職したけど働くのがつらくて早々に辞めてしまった人だって多くいる時代です。仕事はできるけど、人間関係がつらくて続けられなかったり、周囲からのプレッシャーに押しつぶされてしまったりする人もいます。得意なことがたくさんある人、優秀な人だって壁にぶつかる時はぶつかります。苦手なことがある人だけではありません。苦手なことが多かったのに、芸術的センスを発揮して芸術家になって活躍している人だっています。

できること・できないことがいろいろあっても、人生何が起きるか、どんな展開になるかは分かりません。壁にぶつかった時にどう対処できるか、そこで踏ん張って動けるか、それが重要です。持って生まれたものを嘆いても仕方ないです。かといって持って生まれたすごいものを自慢し過ぎたり、調子に乗って横柄な態度を取ったりしてしまうと、どこかで痛い目に遭います。良いことばかりではなく、良くないことも同時に起きるのが人生です。何事もバランスですから。こういった話をカウンセリングに来られた方に時々するのです。ないなりにできることや目標を見つけて頑張ることと、得意なことや優れているものを持っている人でも、その人次第で苦労や損することもある、と話すのです。皆、平等に苦労も悩みもあるのだと。そこで止まってしまうことより、より良く生きるための次の術を見つけていきましょう、夢を持ちましょうと私は皆さんにお伝えしたいのです。

専門家として仕事をしていると、最初から優秀だったんだ、こういう仕事をしている人は小さい頃から勉強の仕方が人並外れているんだと思われがちですが、そんなことはありません。確かに元から優秀な人もいるでしょうが、私自身がそうであったかというと、そんなことは絶対にありません。私もそれなりに勉強で苦労した時期もありましたし、根っからの文系タイプで、理数系はとにかく苦手でした。ですが心理学は理系の学問です。研究をしないといけませんし、その研究のために統計の勉強もしなければなりません。そんな勉強、大学に入るまでしたことがありませんでした。ですから大学・大学院は大変でした。苦手で、本を読んでもさっぱり分からない統計の内容を、とにかくやるしかないという思いで、がむしゃらに勉強し、時には失敗して、何とか研究を終えて卒業し、資格を取って今があります。資格の勉強だって大変なものです。でもなりたい仕事・目標のためには、苦手なことでも、しんどいことでもやるしかないのです。全力で頑張れるならそれにこしたことはないのですが、そこまでしなくても良いです。とにかく逃げずに向き合って取り組む、それがまず大事なのです。

作文を書いた彼女はそれができる子でした。今のままのあなたでできることをしてほしい、と私が暗に伝えてきたことを彼女はしっかりと受け止めてくれていたのです。小さい間はずっと自分の行動に悩み、一番になりたい・負けたくない気持ちが強かった彼女が、高学年になる頃には「まぁいいやって思えるようになった」「考えても仕方ないよ、何とかなるよ」と自分から言える子になっていたのです。トラブルがあった時でも、冷静に自分達の状況を捉え、それを言葉にして、今自分が何をしたほうが良いのかを考えたり、くよくよ悩まないよう自分で早々に気持ちを切り替えたりできるようになったのです。そうなってからの彼女はとても強く、自分の考えをはきはきと言えるようにもなりました。少々嫌なことがあっても、「どうでもいいじゃん、そんなこと」と言って、自分の趣味に力を入れて気分転換するなど、心身の安定を保つ力がぐんと高まりました。大人っぽい意見をふとした時に言うこともあり、こちらの方がなるほどと、驚かされることもあります。

作文の中で彼女はこれまでの自分と、それを経て成長した自分を語っていました。その作文で県大会の発表者として選ばれ、最優秀賞を受賞しました。昔の彼女だったら、きっと人前で自分のことを語るのも、知られるのも嫌だったかもしれません。大勢の前で話すことも恐がっていたかもしれません。でも発表会に出ると決まった時、〝今〟の彼女は喜んでいたのです。そして当日も緊張することなく、誰よりも余裕のある雰囲気で発表の場に臨んだと、後日、お母さんから聞きました。自分を受け容れ、自分のことを素直に、誰よりも堂々とした気持ちで語れた彼女はとても立派でした。こういった苦労をばねにして、強く、そして純粋に目の前のことに立ち向かえる子どもが増えることを私は望んでいます。

強い人の言葉はたくさんの人の心に響きます。心に響く言葉を、格好つけることなく、自らの苦労と経験を深く落とし込んで伝えられる人を私は尊敬しますし、そういった言葉を言える人間に自分もならなければと、改めて思わされた出来事でした。

言葉と行動が伴わない者は結局何も成さない

例えば、物事をはっきりと言う人がいたとします。同じはっきり意見や考えを言う人でも、好かれる人とそうでない人、尊敬される人とそうでない人がいませんか？私は心理の仕事や論語の活動の中でよく会議に参加していますが、そこでなされる発言やその人達の振る舞いなどを見ていると、「この人の意見はなるほどな、すごいなぁ」と思える人と、「いまいちだなぁ」と思う人が正直います。なるほどな、と思える人達の言葉の裏側にはとても熱い、現状をより良くしたいという前向きな気持ちが窺えます。会議の中で新しい計画や取り組みを考える時など、熱い思いがある人達の言葉は具体的で、自分がなぜそれが必要と思うのか、その取り組みを通して地域社会に、大勢の人に、どう貢献したいか、ということを聞き手がイメージしやすい言葉で語ってくれます。その内容がたとえ無謀なことでも、現実的には難しい内容でも、何となく楽しそうだな、良さそうだな、夢があるなと、こちらも前向きな気持ちになることができます。人を納得させたり感心させたりできる言葉を言える人は、自分より外の世界に対して、熱いエネルギーを自然と注いでいる人なのです。

一方で、いまいちしっくりこないな、と思われてしまう人の意見はあまり前向きではありません。自分より外へのエネルギーが攻撃的であったり、冷たかったり、自分を主軸にし過ぎた考えからくるものであったりするからです。名目上は世のため人のために会議で話し合っていても、根底では人のために頑張るというより、自分が目立って得するためとか、損しないためにとか、楽になるためにというのがあります。人のために頑張った結果、回り回って自分にも良いことがあったという場合はありますが、しっくりこない発言の人は、そういうものではありません。最初から自分のために、良いことがあるようにしたいのです。それが第一目的なのです。私利私欲といわれるようなものです。そういった人達の言葉には中身がありません。他の意見を否定するばかりで自分の意見はなかったり、具体的な代替案を考えたりしません。文句を言うだけ言って、口を開けて自分に都合の良い意見が出てくるのを待っているのです。

私が参加している、とある会議では大の大人達がよく喧嘩のような言い合いになります。新しいプロジェクトを考える中で、何かしら意見が出て、それが前向きな形でまとまり始めると、それに反対する人も出てきます。それはそれで良いのですが、やはり否定ばかりで、代替案や、自分が何をしたいのか・何を望んでいるのかが全く出てきません。ある一人が言った言葉の一部にひっかかり、その言い方は何だ！　と怒る人も出てきて、さらに、それは違う！　という人も出てきて、てんやわんやな会議になることがしばしばです。その隣で見ている側は、もう少し言葉を選べばいいのに……その言い方をしてしまったら、そりゃ周りは気に入らないでしょ、と思ってしまいます。こうなるとなかなか話し合いはまとまりません。

そもそもそこで言い合いをしている人達はそれぞれ人の意見をまともに聞きません。人が話している最中に割り込んで話そうとし、言葉が重なり合って、何を言っているのか分からなくなることも。最後まで相手の話を聞いてから喋ろうとか、待とうという気がなく、我先にとにかく意見を言って納得してもらいたい！　という思いの張り合いになるのです。残念ながら子どもの言い合いや喧嘩と同じです。とても大人とは言えません。強い言葉を言えば相手が怯むとか、圧倒できると思っている人もいますが、大変恥ずかしいですね。言葉をどう伝えるかで、人柄やその人の底が知れてしまうのです。周りに呆れられてしまうような言葉を自分は言っていないかと、普段から私達はもっと考え、振り返り、自問自答しながら発信しなければいけません。大人達の大人気ない会話や言い合いを聞いているとしみじみそう思わされます。

また、夢や壮大な目標だけはよく語れるのですが、そこに至るまでの努力や実行力が伴わない人もよく見られます。例えば何か新規事業を考えたとします。その事業が出来上がって、こんなサービスを始めて、お客さんが来たらこんなことがしたい、と事業開始後のイメージはいくらでも語れるのですが、それをするにはスタート地点で何をするのか、資金や土地や店はどうするのかなど、考えなければいけないことは山ほどあります。そこをすっ飛ばしてうまくいった時のことばかり思い描いて、実際に事を起こすかと言うと、実際は何もできない。そんな人も私は仕事の中で、特に経営的なことに関する場面でよく見ます。あれこれ理想の状態を語る人の言葉をひとまずは聞くのですが、「じゃぁ、それに向けて何から始めるの？ 資金はどこから出せるの？

土地や物件はどうするの？」と問いかけると途端にだんまりです。そこまで考えられていないからです。もちろんお金も土地も当てがないのです。

夢を語ることは誰にでもできます。子どもが夢をたくさん語るのは大いに結構。ですが、ある程度の立場を持った大人や、社会のために何か起こそうと思う大人はそれだけではいけません。夢を実行に移していくこと、それができるかどうかです。結果がうまくいくか、成し遂げられるかどうかは別にしても、それをやろう！　挑戦しよう！　と実行する意欲と力を発揮し、さらにそれを維持していけるかが重要です。頑張って成功することもあれば、頑張ってもうまくいかないこともももちろんあります。結果はどうあれ、夢や目標に向かってスタートすることと、その過程をどれだけ頑張れるか、それを自分の力で体験している人達の言葉にはやはり熱いものを感じます。実体験が言葉に滲み出るからです。うまくいった時の喜びも、苦労した時の思いも、自然と言葉に入り込むからです。そういった、言葉に熱い思いが滲み出る人に自分もなりたいものです。

〝明日死ぬ〟と思って日々を大事に生きなさい

「明日死ぬと思って、今日一日をどう必死に生きるか、より良く生きるかを考えて働きなさい」

これは後輩や、仕事の契約先の方々に時々言っている言葉です。「明日が当たり前のように来ると思うな。突然事故や災害で死ぬことだってあるかもしれない」と私はたまに言うのです。もちろん明日以降も生き続けるのが大事です。生きているべきです。ただ言いたいのは、のほほんと生きるな、もったいない時間の使い方をするなということです。なぜそんなことを言うのかといいますと、私自身がこれまでに何度か生命の危機に晒される経験をしてきたからです。

私は神戸の生まれなのですが、小学校入学前に阪神淡路大震災で被災しました。当時6歳になる頃でしたが、今でも鮮明に当時のことを覚えています。当時の我が家は震災でほとんど崩壊し、崩れた家の中に閉じ込められ、自分達だけでは逃げられない状態でした。一緒に住んでいた祖母は倒れてきたタンスが頭に直撃し、頭から出血して大怪我を負いました。私と両親は無傷ではあったのですが、地震で目が覚めた時に見た家の中はとんでもない状態でした。床は抜け、テレビは自分の足元に落ちていて、家具もあちこち倒れている……そして真っ暗……何が起きたのかさっぱり分かりませんでしたが、危険な状況にいるということはすぐに分かりました。真っ暗な中でも、危機的状況にあると人間は鮮明に目の前のものが見えるのです。暗闇の中で私は当時飼っていた愛犬を見つけ出し、抱きかかえていました。ただ、いつ、家全体が崩れて死ぬかも分からない。両親や祖母は玄関や窓を開けて逃げようと言いますが、どこも開きませんでした。古い家だったので、瓦が全部落ちて玄関や窓をふさいでしまっていたのです。中からは逃げようがありませんでした。ですが、うちの家族だけが外に出てきていないと気付いた隣近所の方が、瓦をかき分けて、外から玄関と窓を割って助けてくれたのです。当時のひどい状況では、レスキューなんてすぐには来れませんでしたし、自分達で何とかするしかなかったです。近所の方々のおかげで助かったと、今でも感謝しています。その思い出が強烈に残っているため、毎日平穏に、いつも通り過ごせるとは限らないと、その時から思うようになったのです。明日突然地震がまた起こるかもしれない、生活が一変するかもしれない、死にかけるような出来事があるかもしれない……平穏に過ごせることが当たり前ではない、一日一日何が起こるか分からないというのが私の教訓です。

当時の被災体験だけでもなかなか大変な思いをしたのですが、その後の小学生時代には、父方祖父が経営していた会社が倒産し、この時も苦労させられました。当時、社会的にも不況で、「リストラ」という言葉がよく出てくるようになった頃でしたが、祖父の仕事もその時期に経営が傾き、恥ずかしながら借金を抱え、数年間祖父は借金取りに追われる生活をしていました。祖父の代わりに金を払えと、我が家や親戚の家にも借金取りやらヤクザが度々押しかけてきました。「家に火ぃつけたろか！」などと脅され、借金取りにボコボコにされ続けて気が狂った祖父も身内を殺してやると言い出す始末でした。家に祖父や借金取りが来るたびに私は〝殺されるかもしれない〟と感じていました。人間そういった危機に晒されると意外に冷静なもので、私は淡々と、表情も変えずに殺されるかもしれないと思いつつ、隙を見て警察や知人に連絡をし、何とかその場を乗り切るということを繰り返しました。最終的には親族が賢明に対応し、祖父に自己破産の手続きなどをさせ、数年かかりましたが事態は落ち着いていきました。小学校時代、特に4～6年生の頃はずっと祖父の借金のせいで、死ぬかもしれない・殺されるかもしれない、学校帰りにいつ奴らに出くわすか分からないと思いながら生活していました。家に帰ろうとすると奴らの車が家の前に停まっていたことも度々あったので、友人の家に避難させてもらったり、しばらく学校を休んで家族で母方祖母の家に身を潜めたりした時期もあります。物理的にも精神的にも、ろくに生活や学校の勉強なんてできる時期ではありませんでした。今日明日を無事に乗り切ることで精一杯だったのです。そんな明日どうなるか、いつこの苦労が終わるのかも分からない中、毎日登校するとか、勉強を頑張るとか、友達と仲良く遊ぶとか、ゲームをするとか、普段当たり前に皆がしていることなんて遠い世界のことです。最初は些細な金銭の問題が、大きな事態へと発展し、当たり前に生活できることがそうではなくなることだってあるのです。

さらに、自分の身に起こった出来事で大変だったのが、30過ぎた時に体調を崩し、卵巣がん疑いと言われた時でした。元々甲状腺の持病を持っていたのですが、それに関係して血糖値が乱高下する症状が出てくるようになり、膵臓やらを検査した際に、卵巣の方が気になると言われたのです。そして婦人科でも検査し、卵巣がんかもしれないとのことで精密検査となりました。

最初は、がんの可能性があるということで動揺しましたが、一方では多分大丈夫だろうと思っていた自分がいます。そこまではいかないだろうと、何となく冷静に考えている自分がいました。その時期、仕事もとにかく忙しく、次々と業務が増えたり新しい依頼が入ってきたりしていました。今この状況でもこれだけ次々と仕事が来るのだから、きっと、これからも元気に仕事しなさいという意味なのだろうと感じていたのです。物事が終わる時というのはその周辺の事柄も次々と終わりを迎えていきます。何か取り組んでいたプロジェクトが終わるとか、周囲の人と疎遠になるとか、物事の区切りや終わりに合わせて、周辺の状況も変わっていくことがよくあります。リセットや終了していく感じが強く出るのですが、私の場合、仕事が増え、当時取り組んでいた仕事内容も、どう考えても終わりにはならないだろうというものが多く、おそらく自分は今、病気でフェードアウトするようなタイミングではないのだろうなと思っていました。より仕事をしていくための何らかのきっかけなのではないかと。その感覚はやはり合っていて、精密検査でがんではないことがはっきりしました。ただ、その時期はまだ具合も悪く、甲状腺に関する症状もいくつか出ていたので、卵巣も含め継続的な治療は必要となりました。でもそれで済むのだと思うと楽になり、生きること・健康でいることの大事さを感じました。

人間誰しも生きるか・死ぬかの不安に晒される可能性は秘めているのですが、そういうとんでもない状況にならないと、人間は当たり前の日常の大切さや、欲しいものが手に入る・したいことができる・勉強する・遊ぶことができることの有難みや、豊かさに気付くことができないんですね。比較的平穏な生活を送っていると、欲深くもなりますし、わがままになることもありますし、些細なことでも感謝する・大事にするという気持ちを忘れるようにもなります。今自分が送っている生活が突然なくなるかもしれない、そうなった時にどう生きるか、どう対処するか、そういったことは日々、頭の片隅で良いので意識しておくことが必要ではないかと私は考えます。それができていないと、命に関わるようなことでなくても、ちょっとしたトラブルや失敗に出くわした時に、柔軟に、冷静に対処できないからです。いつどんな時でも思っていたこととは違う出来事が生じます。それに対する適応能力を高めておくことが大切なのです。

自分に課題や負荷をちょっと与える方が伸びる

私は、がんかどうか分からずにいた数日間、自分がこれからどうなるのか、どのような治療になるのか、時々不安になりながらも、仕事をしない・休むという選択肢だけは無かったです。あの時期、自分の状態を隠して、ほとんど休むことなくいつも通りに仕事に向かっていました。がん疑いと言われた次の日もです。いつも通りに朝起きて、何事もないかのようにカウンセリングなどをしていました。それができたのは、どこかで自分は今死ぬような時じゃないと思っていたからです。もし本当にがんだったとしても、できることは可能な限りやってやろうとも思っていました。がんだろうが何だろうが、そこでへこたれずに動くことで、強さを保ちたかったのでしょう。何だかよく分からない自分に対する意地でした。この状況を乗り切ったらもっと強くなれるのではないかとも思っていましたし、今となっては、あのしんどさがあったからこそ、その後多少しんどいことがあっても大したことない・些細なことだ、と思えるようになったのだと考えています。そういうタフな気持ちを身に付けたかったのだろうとも思います。

人一倍しんどい思いをしたからこそ、しんどい人の気持ちが身に染みて分かるとも思います。本当に他者に寄り添うには、痛みを自分自身も経験し、想像できるようにもならなければなりません。そういった痛みを、身をもって知っている人の言葉はとても相手に響くのではないでしょうか。世の中には大病を患って苦労されている方も、何らかの危機的状況にある方も多くおられます。そんな中でも、〝それがどうした〟〝その大変さがあるからこそ今がある〟と、苦労やしんどさを糧にして強く生きている方だっておられます。私はそういった苦労を重ねた人の言葉を聞くと、とにかく心打たれ、ずっと記憶にも残ります。心に残る言葉を言える人は素晴らしいですし、憧れます。そんな人間になれたら良いなというのもまた、私の夢の一つなのかもしれません。

根性論のようなところもあるかもしれませんが、人はちょっとぐらいしんどいほうがやる気が出たり頑張れたりします。病気や災害レベルの苦労をしろとは思いませんが、日々の生活の中で、仕事でも勉強でも、少しハードルを上げた目標や課題を持って取り組むことを意識してみてほしいのです。例えば、高校や大学受験の時、自分の偏差値よりちょっと上の学校を目指して勉強を頑張る子だっていますよね。その子はちょっとハードルが高いけど絶対に受かりたい、あの学校に行きたいと思って勉強を頑張るわけです。そういった感覚を日々持って、仕事も活動も努力する、それが向上心です。自分にできる範囲のことしかやらないうちは、向上心は高まりません。楽さや安定をただ求めているだけです。ハードルの高い学校に行くにはもっと勉強しないといけないから、それなら受かる範囲の学校に行けばいい。受かる範囲で必要最低限の勉強をしておけば良いと、ちょっと消極的になってしまうのです。自分の可能性や、少し気合を入れて取り組んでみればできるようになることを早々に諦めて、現状維持で満足するのは、せっかく生きているのにもったいないと私は思うのです。一度だけの人生だからこそ、そしていつ自分が死ぬかなんて分からないからこそ、いざという時に悔いが残らないように、何事にも果敢にトライしてもらいたいと思います。

無理しないように適度に休むとか、ちょっとでも不調を感じたら休むとか、ワークライフバランスとか、今はそれが大事な時代かもしれませんが、その言葉をうまい具合に利用して休み過ぎている人だっています。休む割合の方が大きくなり過ぎて、仕事を頑張ること・勉強する時間を確保することが下手になってきている人も多くみられます。働きながら休みをいかに確保するかばかり考えている人だって多いです。動くこと・休むことのバランスを今一度考え直し、休むことは大事にしながらも、ちょっとだけ高い目標を持って自分に負荷をかけるくらいの方が、仕事や勉強の質が上がります。ちょっとこの課題は難しいけど、できなくはない、やってみたらそこそこできた、というのが〝ちょうどいい〟ということなのです。〝ちょうどいい〟課題やノルマ、目標を自分で常に作って生活していくことが、向上心や活動意欲、チャレンジ精神を高めていくのです。そういったことが自然にできる人が増えると良いなと私は思います。

私はのんびりするとか、安定した生活パターンで過ごすといったことが性に合わない人間ですので、日々違う現場で、違う仕事をあれこれやってみたいという考えから、フリーランスとして働くようになりました。大学院修了後は精神科病院の正職員として働いていた時期もありましたが、それが合わず、のちに非常勤で働いていくことをいう選びました。最初はたまたまお誘いいただいた病院や公的機関で働き始めましたが、各現場でそれぞれ仕事内容や求められるものが違い、それに慣れるのが大変だったというよりは、日によって違う働き方ができることが楽しいなと感じました。現場が複数あることで、多様な働き方や業務内容を経験でき、臨床心理士としてできることの幅が広がっていく感じが嬉しかったのです。相談者も現場によって様々ですから、その方々からも日々学ばせてもらっています。

もっと頑張れないかな、他の現場の経験も積みたいな、と思える余裕ができ始めると、有難いことにそのタイミングで新たに他機関からお誘いがあり、契約先が次々と増えていきました。日々行く現場が変わり、仕事量も契約数も増えましたが、それに慣れてくるともっといけるだろうと思い、またまた契約先を増やす、ということが数年続いていきました。自分でも何か地域の人達の役に立つものを作っていきたいとも思い始め、契約先を維持しながら、この1〜2年でカウンセリング事務所と特性のある子ども達の学習支援ができる塾を立ち上げました。今では事業の経営と、契約先が常に7〜9ヶ所ある状態を維持し、毎日働いています。いつの間にか休日というものがなくなってしまい、ちょっとやりすぎたなとも思っていますが、働いて帰宅したら愛犬・愛猫達と過ごして休憩をする、これくらいの休みで自分には十分と思ったのです。たまに半日だけ仕事が入ってなかったらラッキー、買い物でもしよう、その程度の休みが自分にとっての〝ちょうどいい〟でした。持病を持っているわりにそれほど体調を崩すことなく、ちょっとの休憩程度の休みで、あとはずっと働くという生活でも苦ではないのは、仕事が好きと思え、チャレンジしたい気持ちが強く、ちょっと負荷はかかるけどやっていけそうと思えているからだと感じています。

自分の力を早々に諦めている人は救いようがない

『力足らざる者は中道にして廃す。今汝は畫《かぎ》れり』

この言葉は論語の雍也《ようや》第六篇に出てくる言葉です。論語普及会を立ち上げ、論語を世に広めようと尽力された伊與田《いよだ》覺《さとる》先生の解釈では「力が足りないかどうかは、力の限り努力してみなければ分らない。力の足らない者は途中で倒れるまでの事だが、今お前は、初めから見切りをつけてやろうとしない。それではどうにも仕方がないよ」と語られています。

私はこの言葉を通して、力の限り努力する・頑張る意識を持ち続けることの大切さを改めて感じました。現代人、特に若者世代にはこの心意気が足らないのを私は残念に思います。私自身は三十代の、若者世代といわれる年齢ですが、周囲に努力することを怠らない！　力の限り頑張る！　という考えの人は残念ながらとても少ないです。

早々に自分の限界を決めてしまい、「しんどそうだからやらない」と言って、勉強でも仕事でも、自分のできる範囲のことしかしたがりません。苦しいながらも頑張った先にある達成感や充実感というのは、今の若者世代にはあまり魅力的ではないのかもしれません。勉強も仕事もそこそこの頑張りに留め、休む時間をむしろ充実させるほうが大事、という人が増えました。確かに適度な休みは必要ですが、そればかりに重きを置いて、自分の可能性をより磨こうとしないのは、もったいない人生だと私は思うのです。

すでに述べましたが、人生は何が起こるか分かりません。２０２４年は元旦から大地震が起きました。被災後の荒れた地域の中で心身共に休まらず、いやでも頑張って生活をしなければならない方々がおられる中、安全な生活環境にいて、今に満足し、奮起しないでいて良いのかと、私は現代社会に問いたいのです。これは私自身が被災し、安定した生活と心を取り戻すまでに苦労したからこそ思うことでもあります。日々何が起きるか分からないからこそ、多少の苦労もしながら毎日をしっかりと生きる。それを同世代の人に、そして私達を見て育つ子ども達に意識してもらいたいと思うのです。

自分勝手で感情的な怒りと甘えをぶつけることなかれ

先にも述べましたが、現代は叱ることがしにくくなった社会です。ちょっと厳しく言ってしまうと、その内容がどんなに正しいことを言っていても、「ひどい」「キツイ」「あんなこと言われた」「私のことを認めてくれない」と言われてしまいます。そんな経験皆さんもありませんか？

例えば、教育場面で先生が子どもに注意すると、その子は自分が悪いことをして怒られたというのに、家で「先生にこんなこと言われてショックだ」と自分が被害者のように伝えるケースです。そして、立腹した親が学校に「どういうことだ！」と言いに来て、先生が謝罪する、そういった話をよく聞きますよね。モンスターペアレントだと言われてしまうような親もいます。先生側の不適切発言で、親の正当な怒りや不満が出ることももちろんありますし、お互いに言葉の受け取り方・捉え方の違いでトラブルになることもあります。

職場でも上司と部下の間で似たようなことがありますね。上司が部下にちょっと指摘をすると、言われた内容とその事態の善悪がどうというよりも、言われた事実と言葉だけが強烈に残って「傷ついた!」「腹が立つ!」と言って、逆ギレしたり、次の日仕事を休んだりすることも最近多いのではないでしょうか。こういったことばかり続くのは困ったものですね。

ショックだ! 傷ついた! と言って怒ったり、仕事を休んだりする人も、その人なりにはつらい思いがあるのでしょうけど、休まれた側やその周辺で仕事をしている人達は、それにより苦労させられます。人手が元々足らないのに、急に休まれてしまい、その日出勤したメンバーで疲弊しながら何とか仕事こなさなければならない……こっちもつらいし、しんどいと言いたいけどもそれを言うとまた揉め事になると思って、結局仕事に来ている人がずっと我慢して働かなければならないのです。怒って休む側がそこまで考えているかというと、どうでしょうか。不満に思う相手だけが困るだけなら、お互いの間だけで済むことですが、そういう個人間でトラブルが起きた時、実は周辺の人達も結構巻き込まれてしまいます。そこまで想定していないのが、怒って不満を言っている人達です。自分と、その相手との間のことばかり考えて、周りが見えていません。周りが見える人はそもそもそういったトラブルを起こしません。多少、友人や仲間に愚痴を言うことはあっても、自分が何か事を起こそうものなら、周りへの影響も同時に考え、迷惑がかからない範囲で対処しようとします。それができない人は大半が衝動的で、怒りのままに動こうとします。怒ることも、相手に言いたいことを言うのもかまいませんが、その際に関係ない周りを巻き込まないように、周りに余計な負担がかからないように考えて動くことが必要です。それを考えられるかどうか、腹が立っても当事者だけで解決できるか、話し合えるか……不快な出来事が生じた時の対処法や行動で人となりというものが見えてきます。

怒り任せで仕事を休んで、しばらく来ないとか、そのまま辞めてしまうとか、そういうことは今の社会において、どの職場でも多いです。休む時、辞める時に、まず自分は何をしに働きにきたのかを考えなければなりません。自分のためですか？　自分が気分良く働けたらそれで良いのですか？　一緒に働く仲間のことをどう思ってますか？　今までお世話になった人に対して何を思いますか？　何かうまくいかなかった時、ここで働こうと最初に思った信念や目標、うまくできた仕事、お世話になった人への有難み、そういったものを切り離して良いのでしょうか。そういうことにまで考えが及ばず、切り離してしまう人がどんどん増えてきているのが今の社会です。恩や義理人情というものがあっさり心から消えるのです。働いている中で直接関わる人だけでなく、例えばお客さんであったり、仲良くしている契約先であったり、そういった事態と関係ない人達のことまで忘れて切り離して良いのでしょうか。怒ったり、休んだり、辞めたりする前に今一度周りのことも考えなさい、と私は思うのです。

心の中で不平不満を愚痴るのはかまいません。心の中だけならご自身の自由です。でも現実に見せる自分は、ある程度心の中を整理して、善悪の判断を常にしながら言動を選び、表出していかなければなりません。自分の気持ちを何でもぶつけたら良い、私がこう思ったから相手もそうすべき、自分の気持ちが一番大事……いろいろ人には思いがあるとは思います。気持ちを正直にぶつけるのも、相手に願いを伝えることも、自分が一番と言う気持ちも、もちろん大事な考えではありますが、やはりそれはバランスが取れてこそです。思いや要望が過剰になったらそれはただのわがままです。甘えであり、幼さです。自分だけが主張して、思いを通して良いなら誰でもそうしたいです。でもそれだと自分勝手になって、嫌われたり揉めたりすると分かっているから遠慮して、人間関係を保つためにほどほどのところでバランスを取るのです。それができている人は人間関係も仕事も家庭もほどほどにうまくいっているでしょう。

皆さんはバランスを取れていますか。カッとなった時や、嫌なこと、トラブルが生じた時にどう心の中で考え、行動していますか？

自分の行動や、ふと考えたことの意味を、冷静に、客観的に捉え、その上でどうバランス良く表出するのか、適切に判断できる力を私達は磨いていかなければなりません。

答えなき道徳の道を歩むことが自己理解

では、これまで散々出てきた自己理解や、柔軟に物事を考えるにはどうすれば良いのか。どうすれば気付くことができますか、と答えを知りたいところだと思います。ですが、その答えを今すぐ明確にしようすること自体にまず疑問を持ち、考えなければ私達は成長しません。

すぐに答えを求める姿勢、どうすれば良いかの解決策を今すぐ教えてほしいなどの考え方が、現代人の心と思考力・判断力・実践力を弱くした要因の一つです。そして待てない人間にもなりました。自分で考えてもいないうちから、答えを早く！　早くスッキリしたい！　そんな気持ちだけが前のめりになって、人に答えや判断・責任を委ねてしまうようになったのです。

自らの問題は自らが最終的に考え、判断し、行動に移していくものです。他人の考えや意見・答えはあくまで参考として受け止め、そこから自分で考えることが本当の理解というものです。自分の痛いところを突かれた時、それを見ないふりをしない、なかったことにしない、人のせいにしないことです。誰かの意見や考えをあてにして行動しないことです。

反省すべきことは反省する。これが素直にできないから人間は生きづらくなるのです。自分を知ると自分の残念なところも、失敗も、責任も感じなければなりません。つらいことですね。でもそのつらさの中にしか答えも改善点もありません。それぐらい険しくて、厳しくて、痛くて、痛いところにも直面しながら見つけていかねばならない答えなのです。

一生懸命考え、今自分はこうしよう、こう言ってみよう、と出した答えに正解も不正解も本来ないはず。うまくいかないならまた考え直して実践してみれば良し。自分にとってスッキリできる結果となるのが大事なのか、人から見て良い評価を得られたり、見栄えの良かったりする結果が大事なのか。後者が圧倒的に増えたから生きづらい世の中になったのです。自分は人の目や評価を気にする癖があるんだ、なぜそんなに気になるのか、誰に認められたいのか、何がきっかけでそう思うようになったのか、ただ振り返ってみるだけでも良いのです。それを日記にするなり、メモ書きしておくなり、何かしら形に残して後から振り返ってみた時に、この時自分はこんなこと考えてたんだなと客観的に振り返ることができると思います。それだけでも良いのです。

自分を探求してみようと、自分の特徴や癖・考え方など、リスト化するも良し、誰かと話しながら考えてみるも良し。そこでふと気付いたことがあればそれが自己理解であり、自己発見なのです。自己探求から始まり、自己を理解し、新たな発見もしていく。これをいつも意識するだけで十分自己理解です。そしてそれを途中でやめないこと。何となく自分のことが分かった気がする、じゃぁ、もういいや！　ではいけません。生きている限り新たな自分が日々現れてきます。自分を理解することに終わりなどないのです。

自己理解の仕方を知ればうまくいく、これをすれば正しい理解ができるなんて思っているなら自分は中途半端な人間だと思ってください。結局また答えや一つの方法に依存して、一時的なスッキリした感覚に浸ろうとしているのですから。自分や、人間そのものを考える答えは一つではないことをまずは知りましょう。それが分かるなら私達人間は今こんなに課題だらけになりませんし、悩みませんし、迷いません。簡単に、楽に答えを求めようとすることなかれ。

厳しくあれこれ言いましたが、小さい頃〝相手の立場になって考えてみなさい〟〝自分がされたらどう思うか考えて行動しなさい〟と教えられましたよね。単純に、それを実践しなさいということです。怒られたら自分も嫌だな、こんなこと言われたら自分だったら落ち込むな、そう思うなら自分がしなければ良いだけのこと。自分はされたら嫌なのに、人にはしてしまう。これが一番よろしくないことです。自分がしてほしくないこと、言われたくないことは自分もしなければ良いのです。ただそれだけのことなのに、子どもにはそう教えるのに、年齢を重ねるとそれができなくなるのが私達の問題なのです。

自分も相手も嫌がることはしない、そのことを忘れて攻撃的になったり、失言したり、人を見て態度を変えたりするからあとあとトラブルやら、困り事が出てくるのです。トラブルが生じた時、それはすべて自分のまいた種であることをまずは自覚しましょう。

自分の言ったこと・したことを、自分がもし言われた側だった場合、どんな気持ちになるかを考えてみるだけなのです。そんなこと言われたらしんどいな、と思うのなら自分からは絶対にしない。自分が人から言われて、なるほど！　と思える言葉、こんな言い方なら自分も素直に受け止められるなと思う言葉を探して使えば良いのです。

対策だとか、理論や心理学的にはどうだとか、解決方法は何だとか、そんなこと以前に小さい頃に教わった道徳的なことをもう一度思い出せば十分ヒントは見つかります。人としてこうしましょう、と教わったことを変わらずやり続ければ良いのです。答えは過去に学んだ中に、失敗したことの中にあるのです。それを思い出して考える力が衰えているから現代人は皆、一発で分かる答えを欲しがるのです。考えることを面倒くさがり、他人の意見や答えに乗っかって、それらしいことをしてその場をしのいでいるだけなのです。だからまた新しい問題や、一時は落ち着いた問題がまた再燃する、それを繰り返すのです。根本的解決になっていないからです。優しい気持ちで相手の気持ちを考えながら話す、接する、ただそれだけで物事がうまくいくことは多々あります。難しい考え方や理論的テクニックなどでどうにかしようと思わず、道徳とは何ぞやを思い出せば十分なのです。

5. 強く、正しく、たくましく

悩みを解消するより、悩みとの付き合い方を身に付けた方が生きやすくなる

私が悩める方々に望むのは、〝強く、正しく、たくましく〟生きてもらうことです。人は悩みを解消しようとすると、そこにとらわれ、躍起になって悩みをなくそうとします。それでまたしんどくなるのです。うまく解消できなかった時にまた落ち込みます。またダメだった……と。悩みをゼロにしなきゃ！　と思うと、ゼロにならないことにまた悩み苦しみます。

悩みはあっても良いのです。悩みがあってこそ人間です。悩みや苦労があるから自分を保てている人もいます。苦労や不幸をばねに頑張れている人もいます。悩みが一つ解決したとしても、また一つ悩みが増えるということが、よくありませんか。これは誰しも絶対にあることです。悩みのない人なんていません。生きている限り何かし

ら悩みますし、イライラしますし、悲しいことも確実に起こります。それをキレイさっぱりなくそうとする方が無理なことです。悩みのある自分を否定するから自信をなくし、自己肯定感が下がるのです。悩んで良いのです。悩みとどう付き合うか、悩んでいる自分をどう捉えるか、これを考えることの方がよっぽど大事です。

「あぁ、また自分は悩んでいるな……」

「○○がしんどかったんだな……」

そう考えながら、ひとまず自分の状態をそのまま受け止めてみてください。そこに何かしらの評価をしなくて良いのです。自分はこんな状態だと思うだけで止めておきましょう。何でこうなったんだろうと原因探しするより、今から何をしよう、明日できることは何だろうと、次のことを考えてください。落ち込んでいても明日は来るし、勉強も仕事もしなければいけません。一旦しんどいことを心の片隅に置いておく、それをイメージしましょう。

苦しむ理由は己の中にあり

しんどいなりに生きていく、それが強さだと私は考えます。しんどい悩みを抱えながらも、勉強や仕事など、今できることをこなしていくのです。時間が経てば気にならなくなることも大いにあります。そうなるまでひたすら今すべきことに向き合うのです。

「しんどいけど、つらい過去があったけど、それはそれとして目の前のことを頑張ろう」

「いろいろ気になることはあるけど、まぁ、いいか」

そう思えることが強さ・たくましさです。私は自分のもとに相談に来られた方にはそうなってほしいと願っています。多種多様なカウンセリング技法や治療目標はありますし、言い出したらきりがないので専門的なことは割愛しますが、最終的な落としどころは「まぁ、良いか」と、クライエントが自ら思えるようになることだと考えています。それを自分らしい伝え方・支え方で成し遂げていきたいと思います。

「あなたは今どうしたいですか」

「今できそうなことは何ですか」

「しんどいなりに、結局人間は社会で、仕事でなんとかやっていくしかないです。うまく○○できたら楽なんですけどね。でもそうはいかないから、まずはできることを考えましょうか」

私はそんな話を相談者にします。問いかけを通して自らの気持ちと向き合ってもらい、できそうなこと・頑張れていることを思い出し、自分でも気付いていなかった自分を見つけてもらう。自分を発見できれば相談者本人の方から、「本当はこんな気持ちだったんだ」「○○が苦手で向き合いたくなかったのかもしれない」と、素直な気持ちで自らのことを語ってくれます。それがつらかった内容であっても、自分はこうなんだと認めるだけで、ホッとすることがあります。腑に落ちた、どうして今の状態になったのかが分かった、と語ってくれる方もいます。つらい状況や、これまで見たくなかった自分を認めることは、自分を許せたということでもあります。それだけで人の心は楽になることがあります。

自分を許せないから、これじゃだめだと思うから人間はつらくなるのです。自分だけじゃなく周りの人も許せなくなって人間関係がこじれたり、トラブルが起きたりするのです。

例えば、自分はうまく仕事ができなくて苦労しているのに、隣で他の人は飄々と仕事しているのが悔しい、羨ましいと思う。でも、悔しさや羨ましい気持ちを認めたくないので、「なんかあの人気に入らない」「鼻につく」「相性が合わない」と言って、一方的に他者を嫌ってしまうなどといったことです。何気なく、「あの人とは合わなくて……」という話の根底のところには、自分の問題やコンプレックス、そういったものが隠れていることが多いです。他者だけが問題なのではなく自分にも課題や問題がある。それに気付いてしまうことには苦しみも伴いますが、これは変われるチャンスだ、自分のコンプレックスとどう付き合おうかと考えられる人は心も強くなり、状況が好転するきっかけと結果を生み出します。人や環境を恨まず、自己を成長させ良い方向へ進めるように。そのための言葉掛けをするのが人の心を専門とする者の仕事です。

そう言葉掛けするのは、答えを今すぐに、簡単に出そうとすることに意味がないからです。大半の人は答えを出してもらったところで、たいして活用しません。聞いて満足。満足して気持ちの在り様が変わって、何だか気持ちが楽になったような気がする、それで救われた気になるというだけの話なのです。

答えというより、ヒントやら、他者はこんなことを実践して成功したエピソードやらを聞いて、自分にとって好ましい部分に共感と親近感が湧いて、何となく落としどころを見つけられた気がして満足し、安心する。それだけです。落としどころとしてしっくりこない場合は、いつまで経っても悩むし解決しません。受け取ったアドバイスを試してみて、困っていることを解決させようとトライする人もいますが、1回2回試してみて、すぐにやめてしまうことの方が多いです。即効性を求めているのに、すんなり解決も改善もしないし、時間がかかる。それでは意味がないからこの方法は使えないな、とすぐに見切りをつけてしまいます。自分が求めるスピード感で物事が解決しないと納得できないのです。せっかくのアドバイスもヒントも、中途半端にトライしてみるだけで、都合が悪いと、使いものにならない・意味がないと勝手に決め付け、無駄扱いするのです。

解決させたいと思いつつ、一方では解決させる気が乏しい。最終的には自分が解決しようとする気持ちや実行力よりも、相手が、外的要因が何とかしてくれよ、と思っている面があるからです。だから人に答えを求めて頼り、満足する結果が得られなければまた他を頼る。それを繰り返すのです。そうすれば、ある意味自分の責任にはならないからです。使いものにならなかったアドバイスや方法、それを提示した相手がいまいちだったんだと、自分以外のものの至らなさのせいにすることで、自らの至らなさから逃げられるのです。そういう甘え方をしているんだと素直に理解しましょう。そんなことはない！　と、痛いところを衝かれて否定しているようでは自己理解に至りません。痛いところも素直に痛いと受け止める。それができたら他人のことも受け止められます。人には見せたくない自分を言葉に出すなり、書くなりして、正直になることから始めましょう。日記をつけるのも一つの手です。

自己理解は永遠なるもの。ノウハウがあって理解できるものと思うことなかれ。そこにまず頼らないことからスタートすべし。一生かけて考え続けましょう。簡単に分からないからこそ気付けた時に嬉しくなりますし、もっと成長の可能性を感じるのです。How to本を読んで自己理解できたからそれで終わりというものではありません。答えをすぐに出そうという現代人の考え方にまず疑問と浅はかさを感じてほしいのです。

自分は常に変わり続けます。自分を取り巻く状況、環境、生き方、人間関係、それらの学びに対して簡単に答えを出そう、教えてもらおうなどと甘えていてはいけません。そもそも答えなどないのですから。何が正解かなど誰にも決められません。答えやアドバイスを出してもらったとして、それを実践して思うような結果がすぐに出なければ文句を言う。それがまた人を暗くさせます。答えやアドバイスを考え教えてくれた相手に感謝することも忘れ、時には相手の責任にし、自分の改善点に対しては見ない振りをしていると、いつしか心の寂しい残念な自分になってしまいます。そんな自分になってしまったら、マズローが提唱する自己実現欲求からは遠のきます。自己の成長どころではなく、自己を荒ませるだけです。そうならないようにしたいから自己理解し、自己成長と自己実現を目指したいと思って、私のような者が書いた本書を読んでくださったのではないでしょうか。

答えも望みも自分の中にあり、それを意識化させることが私の仕事です。その答えや望みが世を思い、人を思い、自分も他者もハッピーになると思えるかどうか。その点をいつも思い出してほしいのです。

過去に努力したこと・夢見たことは必ず実を結ぶ

必要に応じて打って出る強さと誠実さ、ちょっとやそっとのことでへこたれないたくましさを子どもから大人まで、一人ひとりが心と言動を見つめ直し、鍛えなければなりません。それにはなりたい自分像も見出さなければなりません。

皆さんはどんな自分でありたいですか。なりたい自分になれていますか。夢はいつも持っていますか。夢や目標がないと人間は輝けません。夢や目標に向かって努力する、その必死さや熱心さがあれば、魅力ある人間として周囲の目には映ります。そんな自分になれていると思いますか。小さな夢や目標でも良いのです。憧れの芸能人に会ってみたいとか、旅行に行きたいとか、すぐに終わるような目標でも何でも良いのです。達成したらまたすぐに新しい目標を作り続ける。これが人を充実させます。意欲や向上心が高まるからです。

子ども達は今どんな夢を持っているのでしょうか。まだ持っていない子は結構多いかもしれません。普段関わっている子ども達によく、何になりたいの？　と聞きますが、「分からん」「まだ何もない」と答える子が大半です。私はこれをもったいなく思います。勉強も運動も趣味も、何か目標や夢がないと意欲的になれませんし、継続もできません。時々親子で夢や目標について話し合ってみてほしいのです。そして大人も夢をいつも持っていてください。夢を持って頑張る大人の姿が子どものお手本になります。大人、特に親が夢を持っていないと、子どももなかなか夢を持とうとしません。それがなくても生きていけるんだと思ってしまうからです。大きな夢でも小さな夢でも何でも良いです。親子、大人と子ども達それぞれに夢を持ってもらえると私は嬉しいです。

私はとある学習塾に通い始めた小1の頃、当時なりたい夢は〝先生〟と言っていました。でも正直、何の先生かも決めておらず、適当に言っていたのが本音です。でも親はそれを真に受けて、塾の先生に「あの子は先生になりたいらしい」と言ってしまい、先生から「先生になるなら算数と国語だけじゃなく、英語も勉強しなさい。今日から3教科頑張りなさい」と言われ、その日からいきなり勉強量が増えました。いらんことを言ってしまった！　と当時はちょっと後悔。宿題しんどいなぁと思うこともあれば、国語だけやめてしまった時期もありつつ、高校2年生までその塾を続けていました。その間になりたい職業もコロコロと変わり、画家を目指したこともあれば、どこかの会社員になれたらいいやと行き当たりばったりな考えだった時期もあります。先生になるために勉強を頑張った意味はどこに？　と思ったこともありましたが、紆余曲折あって、今では心理士の先生と学習の支援が必要な子ども達を主な対象とした学習塾の先生をしています。何だかんだ最初に思った〝先生〟になっている自分に内心驚いています。小さい頃に掲げた夢はいつか必ず、何らかの形で仕事につながり、努力が活かされるはずです。今、私の塾に来てくれている子ども達も、将来必ず努力が実を結ぶと私は信じて日々会っています。

志ある人間はいくらでも成長できる

「好きなことと、やりたいことと、やらねばならぬことが一致していると、人はフルパワーで働ける」

とある研修で講演していた精神科医の先生がポロっと口にされた言葉です。大変失礼で恐縮ですが、当時どんな研修で、どんな先生だったか、ぼんやりとした記憶しか残っていませんが、この言葉だけは強烈に私の心に残り、ずっと大事にしています。

私の今の仕事はまさしく「好きなことと、やりたいことと、やらねばならぬこと」と感じています。自分も他者も人間的に成長していくことを目指し、それを仕事にできていること、つまり「好きなことと、やりたいこと」をしています。また、専門家の自分だからできることであり、すべきことでもある、つまり「やらねばならぬこと」なのです。

皆さんは今働いていて、勉強していて、そう思えていますか？　今の自分は「好きなこと・やりたいこと・やらねばならぬこと」ができてますか？　夢について先述しましたが、夢とは志のことなのです。とある論語の勉強会に参加した際、「子どもも大人も夢を持っていない人が多くなってきた気がする、それが私は良くないと思うのです」と講師の先生にお話したことがあります。その時先生は「あなたの言う夢とは志のことだね」とすぐに返答され、はっとさせられました。〝志〟を持って自分も生きたい・他の人にも持ってほしいとそう思っていたことに気付かされたのです。

皆さんには〝志〟がありますか。今一度それを一人でも多くの人に考えてもらいたく、文章にしました。自分を知り、自分を磨ける人が少ないと日々感じるからです。自分を振り返り、磨いていかなければ心は強くなれない、生きていけないと私は考えます。その作業ができる人が増えてほしいのです。

「徳性」を高めよ

「徳性」とは道徳的に良いこと、それが言動に表れていること、人を愛して尊敬すること、忍耐力を持つこと、勤勉であること、正直で誠実であること、人や物事に感謝すること、受けた恩に報いることなど、本来人間が備える道徳心や優しさ・真心を養い、それを発揮できることです。「徳性」は自ら学んで養っていかなければ、高めることも発揮することもできません。徳性を養うために人間学という学問や、道徳の授業があるのです。人から慕われるような徳があって初めて、その人の持つ個々の力も良い方向へ発揮されていきます。

時には自分に対して何らかの否定や反対をしてくる人、敵対する人も出てくるかもしれません。それに対して反撃なり、何かしらの力を行使することだけで終わってしまうと、それがまた新たな反発を生むことになります。例えば、売り言葉に買い言葉の大喧嘩、訴える・訴えないの揉め事や、やられたから仕返しをしたとか、それがエスカレートして収拾がつかなくなる事態もよく起きます。そういったことで困らないように、自分の心と徳性を磨いて高めなければなりません。

「徳を積む」という言葉があるように、自分のことだけでなく、常に相手の考えや心情をも捉えることに努め、本当に必要な判断をできるようにし、善い行いを重ねられる人間になることが大事です。人に心から感謝してお礼が言えること、責任感を持って行動すること、すぐに他人のせいにしないこと、謙虚であること、損得勘定だけで物事を考えないなど、そういったことです。子どもも大人も、その感覚を磨いて、高めていってほしいと思っています。私自身も磨かなければなりません。

多少困ったさんな一面があっても良いのです。人間誰しも困った部分は持っています。でも、その面より「徳性」の方が目立てば、困ったさんの部分は自然と気にならなくなります。あらゆる社会生活の場や、学校教育、福祉、そして家庭において、大人がまずは「徳性」を磨き、尊敬されるような良い見本となり、そして「徳性」の高い子ども達を育てられるようになっていくべきだと私は感じています。そして大人はその見本にならなければなりません。「徳性」の高い大人として子ども達の前を歩き続けなければいけません。

さいごに

〝強く、正しく、たくましく〟

これは私自身のモットーであり、人生を支える言葉であり、私が出会う方々がそうなれるようにと、願いを込めた言葉です。

私が本書でしたかったことは、こうすると人生うまくいきますよ、というアドバイスのサービスではなく、問題提起です。間違っている方法で悩んでいる人へのアイデアを教えてほしい、なんてよく言われますが、まずは間違ったら良いのです。間違いに気付き、悩むことに意味が生まれてきます。悩まぬ人間に成長はなし。間違わずに良い方向に物事を動かそうとするほうが図々しい話です。人間の愚かなところは、そういうどうしようもない欲を満たそう、自分も周りも状況もうまくコントロールしようと偉そうになる点です。

間違って、痛い目に遭わないと学ばないのが私達人間です。どんなに年齢を重ねても、痛い目を見ないと分からない子どもなのです。それが私達です。

痛いところに目を向ける、受け止める、それだけでも強くなっていきます。うまくいかない自分を認められたのですから。そうしながら、一人でも多くの人が、心を強く保ち、正しく人として善い行いとは何であるかを常に考え、周囲の人達への思いやりを持ちながら、より良く生きていくことができますように。自分の権利や、不平不満ばかりを主張することが当たり前とならず、他者と自分の双方を思いやれる真心を持った人で溢れる社会となりますように。

〈著者紹介〉
菅田瀬那（すがた せな）
カウンセリング事務所、心理相談事業てあて代表。福祉・教育・産業の領域で、公認心理師・臨床心理士として活動中。心理カウンセリング、子育て・発達に関する相談支援、心理・発達検査、キンダーカウンセラー、障害者雇用特例子会社の産業カウンセラー、子どもと発達に関する講演等を主に行っている。学習が難しい子どもたちを中心とした、学習支援の塾も経営中。

心《こころ》を強《つよ》く、正《ただ》しく、たくましく

2024年9月20日　第1刷発行

著　者　　菅田瀬那
発行人　　久保田貴幸

発行元　　株式会社 幻冬舎メディアコンサルティング
〒151-0051　東京都渋谷区千駄ヶ谷4-9-7
電話　03-5411-6440（編集）

発売元　　株式会社 幻冬舎
〒151-0051　東京都渋谷区千駄ヶ谷4-9-7
電話　03-5411-6222（営業）

印刷・製本　中央精版印刷株式会社

検印廃止

Printed in Japan
ISBN 978-4-344-69151-3 C0095
幻冬舎メディアコンサルティングＨＰ
https://www.gentosha-mc.com/